ことわざびじん

橋本テツヤ

はじめに

日本のことわざの歴史は古く、江戸時代に生まれたものが多いと言われています。その内容は人々の喜びや悲しみだけでなく、日常生活の知恵や自然、動物との関わりに至るまで実に豊富です。

しかも、こうしたことわざは、書物として書き残して伝えられたのではなく、庶民の口から口へと伝承されていったものだと言います。

ことわざの中には、現代にも通じるものが数多くあり、私たちは、そうした言葉に感動するとともに叱咤激励され、時に慰められたりもしてきました。

本書は、ふだん何気なく使っていることわざや、耳にするけれど実は本当の意味を知らない、といったことわざについてあらためて検証し、その深い意味や意外性などを、理解しやすい事柄にたとえて解説してあります。

多くのことわざの中から、現代社会で役に立つものを厳選し、「人生・人間関係にまつわることわざ」「恋愛・家族にまつわることわざ」「お金・仕事にまつわることわざ」「健康にまつわることわざ」「食・生活にまつわることわざ」の五つのテーマに分類してわかりやすく述べています。また、二十一世紀の言葉を取り入れて創作した、ユニークな「新しいことわざ」も書き添えました。

あなたが悩んだ時、苦しい時、悲しい時、心の支えがほしい時など、本書にあることわざから昔の人の教えをひもといてみてはいかがでしょうか。きっと、心に響くアドバイスを見つけることができるはずです。

様々な場面でこの書を開いてくだされば幸いです。

橋本テツヤ

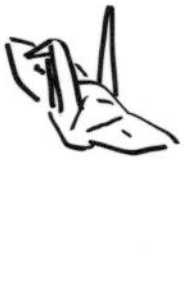

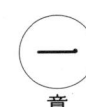

三章 お金・仕事にまつわることわざ……一〇七

愛想づかしは金から起きる
逢えば五厘の損がゆく
商いは三年
悪銭身に付かず
一日作さざれば一日食らわず
一文惜しみの百知らず
犬も朋輩、鷹も朋輩
江戸っ子は宵越しの銭は使わぬ
大風が吹けば桶屋が儲かる
大遣いより小遣い
思い立つ日が吉日
駕籠舁き駕籠に乗らず
金が金を儲ける
感心上手の行い下手
器用貧乏人宝
愚人に論は無益
口と財布は緊めるが得
鶏口となるも牛後となる勿れ
五両で帯買うて三両で絎ける
転んでもただは起きぬ
仕事を追うて仕事に追われる
贅はしたし銭は無し
銭無しの市立ち
千金を買う市あれど一文字を買う店なし
船頭多くして船山へ上る
それにつけても金の欲しさよ
大器小用
使う者は使われる
壺の中では火は燃えぬ
時は金なり

索引
ことわざびじん

年とれば金より子
隣りきびしければ宝儲くる
無いものは金と化物
怠け者の節供働き
二足の草鞋を履く
濡手で粟
針を倉に積む
引越し三両
隙ほど毒なものはない
貧者に盛衰なし
不足奉公は両方の損
二人口は過ごせるが一人口は過ごせぬ

下手があるので上手が知れる
坊主の花簪
無駄方便
目で見て鼻で嗅ぐ
儲けぬ前の胸算用
故の木阿弥
物は相談
行き掛けの駄賃
夜鷹の宵だくみ
羅馬は一日にして成らず
破れ鍋も三年置けば用に立つ

垢で死んだ者はない
朝起三文の徳
一番風呂は馬鹿が入る
起きて働く果報者
堪忍は一生の宝
薬より養生
健全なる精神は健全なる身体に宿る
効能書きの読めぬ所に効能あり
四十肩に五十肩
死ぬ死ぬという者に死んだ例しがない
頭寒足熱
畳の上の怪我
同病相憐れむ
時を得た一針は九針の手間を省く
腹八分に医者知らず
人には飽かぬが病に飽く
屁ひとつは薬千服に向かう
無病息災
焼きが回る
病治りて薬師忘る
酔いどれ怪我をせず
養生に身が痩せる
笑いは人の薬

五章 食・生活にまつわることわざ……一八五

六章 新しいことわざ……二一九

装　幀／有限会社オムデザイン
工藤亜矢子
イラスト／古賀重範

一章

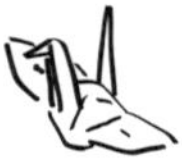

人生・人間関係にまつわることわざ

ああ言えばこう言う

ああいえばこういう

相手のことばに素直にならずに、理屈をこねて言い返すこと。

世の中には、西と言えば東と言い、右と言えば左と言う人がいるものです。なんだかんだと屁理屈をつけて物事を肯定しない人をたとえています。こういったタイプの人がそばにいると、とてもやっかいですが、職場や学校が一緒だと避けることができません。

「昨日のドラマ面白かったわね」「えっ、あれが面白いの？　趣味悪いわね」

「ここの紅茶おいしいわね」「そう？　私は好きな味じゃないわ」

仕方なく、彼女の意見に同調すれば摩擦は起きないだろうと試みるのですが、これもうまく行きません。

「ここのランチ、とってもおいしいのよ」「ほんとね、おいしいわね」「えっ、本当においしいと思っているの？　私に合わせなくていいのよ」

ここまでくると、うんざりしてしまいます。何でも否定的にとらえる人だと割り切り、距離を置いてつき合うか、徐々に離れていくしか手はないようです。

相手のない喧嘩はできぬ

あいてのないけんかはできぬ

相手なしで、一人で喧嘩はできないので、相手になってはいけない。

女性同士、夫婦、恋人の喧嘩は、口喧嘩が多いものですが、男同士となると手が出てしまいます。しかし、どんな乱暴者でも相手がいなければ喧嘩のしようがありません。喧嘩を売られても相手にしてはいけないという戒めです。

でも、現実は「売りことばに買いことば」と言って、ひどいことを言われたら、つい、かっとなって言い返して怒鳴ってしまうものです。

「あいの返事に難はなし」「あいあいの返事一つで天地も人も我が身も円く治まる」ということわざがあります。

「あい」は江戸語で、返事をするときの「はい」をさしています。なんでも「あいあい」と素直に返事をしていれば、喧嘩も起きず、無難であるという意味です。我慢をし過ぎてストレスをため、胃をこわしてしまうほどではいけませんが、できる限り、喧嘩は避けたいものです。

明日は明日の風が吹く

あしたはあしたのかぜがふく

明日のことは明日の運命に任せて、くよくよ考えてはいけない。

明日は明日で、今日とは違う風が吹くということから伝えられたことわざです。人生には、前から考えてもどうにもならない事柄があるものだから、無駄な取り越し苦労はせずに、そのときになってから、心配すれば良いということです。

類句に「明日のことは明日案じよ」「明日はまだ手付かず」があります。今日という日は過ぎても、明日という日は丸々あるのだから、明日考えれば良いことで、慌てることはないという意味です。

親鸞上人（しんらんしょうにん）が十九歳のときに詠んだという歌があります。

「明日ありと思う心の仇桜」。美しく咲いている桜を見て、明日も咲いているだろうと安心していても、夜中に嵐が吹いて散ってしまうかもしれないと、人生の無常を歌っています。

この歌のように、時としてとんでもない風が吹いて、思わぬ結果に泣くこともありますが、まだ見ぬ「明日」には、チャンスはいくらでもあるものです。

当たって砕けろ《あたってくだけろ》

うまくいくかどうかは別として、思い切ってやってみよ。

このことわざは、優柔不断な人間を戒めたことばです。

何もしないであれこれ考えても進展はありません。成功するかしないかは、いくら頭の中で考えても結論は出てこないものです。「うまく行けばそれに越したことはないのだから、思い切って行動してみるべきだ」と言っています。行動した結果、だめであったら潔く退いて断念すれば良いのです。

仕事も恋も結婚も、優柔不断な態度ではうまく行きません。好きな人がいる場合は、だめで元々と考えて交際を申し込めば良いのです。この会社で働きたいと思ったときは、これも「だめ元」で、直接出向いて情熱をうったえれば良いのです。すべて、「当たって砕けろ」です。

また、この句は「Go for broke」と英語で訳されていることでも知られています。第二次世界大戦中、勇猛で馳せた「米軍日系人部隊」の合いことばとして使われていたそうです。

頭の上の蠅を追え《あたまのうえのはえをおえ》

自分のことさえ、何一つ満足にできないこと。

自分の頭にたかる蠅さえ満足に追い払えないことから、他人のことに世話をやくよりも、まず自分のことをしっかりやりなさいとたとえたものです。他人への干渉がうるさいときに、それを黙らせるときに使うことばです。

「あの人、仕事が遅いわね」とか「もっとしっかりしないと苦労するわよ」と、事あるごとに、人を気にしてとやかく言う人がいます。でも、そういう人に限って、「自分のことは棚に上げて」ものを言っているのです。あまりひどいと「頭の上の蠅も追えないくせに」と批難されます。

しかし、相談をもちかけられた場合には、便利なことばになります。とくに借金の相談などを受けた場合には、「自分の頭の上の蠅も追えない生活をしているのに、貸すお金などないわよ」と使えますし、気の重くなるような複雑な問題の相談には、「そんな大変なことは、頭の上の蠅も追えない自分には、とても答えられないわ」と、やんわり断る理由の一つに利用できます。

言う易く行うは難し《いうはやすくおこなうはかたし》

口で言うのは誰でもできるが、実行は難しい。

口で言うことと、それを実行することは別のことで、ことば通りに実践するのはなかなかできないことだという意味です。類句に「口では大阪の城も建つ」「言うと行うとは別問題である」ということわざがあります。

政治家の場合は「公約は易く実行は難し」かもしれません。選挙になると、あれもこれもと大風呂敷を広げるのですから信用できないのは常です。

人は実行できるがごとく、軽い気持ちで理想を口に出してしまうところがあります。本当は自分の心の中で、「できないだろう」と思っているのですが、つい、調子に乗ってできるようなことを言ってしまうことがあるのです。気をつけなければいけません。

「言うた損より言わぬ損が少ない」ということわざもあります。言いすぎや間違いなど、口数が多くて受ける損より、黙っていた方が受ける損が少ないということもあるのです。

急がば廻れ《いそがばまわれ》

急ぐときは、遠回りでも安全な道を選べ。

急ぐときは危険な近道より、時間がかかっても安全な道を進んだ方が、結局早く目的地に達することができることをたとえています。

渋滞があると、近道を探して細い路地などに入り、あっちの道こっちの道と進むのですが、途中でゴミ収集車が止まっていたり、子供の自転車が置き去りになっていたりで、かえって時間がかかってしまった、ということはよくあるものです。

人生にも同じことが言えます。出世を急ぐあまり、無理なことをしてしくじった人もいますし、手っ取り早くお金を得たいと、慣れない「株」に手を出した結果、大損をした人もいます。すべて急いだことが原因で失敗したのです。

類句に「急いては事を仕損じる」があります。あせって事を急ぐと、とかく失敗しがちなもの。急ぐときほど心の中で「急がば廻れ、急がば廻れ」とお経のように唱えてください。必ず落ち着いてくるものです。

一寸の虫にも五分の魂

いっすんのむしにもごぶのたましい

どんな弱小なものでもそれ相応の意地も思慮もある。

体長わずか一寸（約三センチ）の虫でさえ、体半分（五分）の大きさの魂があると言われるように、「どんなに小さく弱い相手でも、決して軽く見てはいけない」という戒めのことばです。

池に泳ぐ鴨を吹き矢で刺したり、小学校で飼われているウサギの命を理由もなく奪ったりする事件が絶えません。また幼い子への虐待やいじめも頻繁に起きています。命の大切さをどう思っているのでしょうか。

すべての人間がそうではありませんが、自分より体が小さかったり、何かに劣っていたりすると、上からものを見るような態度で、ばかにしてしまうところがあります。それだけでなく、「勝ち組」「負け組」などと言って、仕事に成功したかどうか、あるいは金持ちかそうでないかといった視点で人を差別する風潮があります。

人それぞれの人生のあり方を否定するような言動や、命の尊さを軽んじる行動は決して許されるものではありません。たった一つしかないあなたの大切な人生は、人にやさしく思いやりのあるものでなくてはなりません。

魚心あれば水心

うおごころあればみずごころ

相手の出方しだいで、こちらにも応じ方がある。

「相手が好意をもてば、こちらもそれに応じて好意をもつものである」とたとえています。「魚、心あれば、水、心あり」が転じてできたことわざです。元々は良い意味で使われていたのですが、のちに、悪い意味で使われるようになりました。

「太夫が身請は俺次第、魚心あれば水心あり」（たゆうがみうけはおれしだい、うおごころあればみずごころあり）と江戸時代にも使われていました。「太夫」は吉原の遊女（芸者）の階級で、最高位の女性のことをさしています。「身請」は、お金を払って遊女を廃業させることです。「遊女をやめさせることができるのは、俺の気持ちしだいだから、もっと自分に好意をもてよ」と言っています。金の力で女性を自由にするという卑劣なことが行われていたのです。

今でも、商談などの際、「何か得になることを持ってくるのなら、そちらにも利益をあげましょう」という意味で、このことわざが使われることがあります。「魚に心があれば、水にも心があるものだ」というきれいな句から、いつの間にか汚い手を使う意味の句に転じてしまったようです。

浮き沈み七度《うきしずみななたび》

人の一生には、良い時もあれば悪い時もある。

人間は一生のうちに何度も浮き沈みがあるもので、決して最初から終りまで、安定したものではないことをたとえたものです。「人生山あり谷あり」と、平坦な道ばかりではないことを言っています。

「いつの世にかは愛染川の身の浮き沈み、七度は氷を渡る信濃路」と歌われた人形浄瑠璃から引用されたことわざです。この浄瑠璃は、明和三年（一七六六）に大阪竹本座で初演された「本朝二十四孝」で、上杉謙信の娘、八重垣姫が、婚約者の武田勝頼の難を救うため、厳寒、吹雪の中を七度の苦難を乗り越えて進んでいくというお話です。

「浮世は回り持ち」ということわざでは、この世の幸不幸、貧富などは、絶えず変動するもので、人から人へと回りまわって行き、ひとつのところにとどまらないものだと言っています。

浮いたり沈んだりする人生。しかしその人生は、心の持ち方一つで、楽観も悲観もできるものです。何かつらい出来事に遭遇したときも、「次は良い時が来る」という強い心を持って突き進んで欲しいものです。

女ならでは夜が明けぬ《おんなならではよがあけぬ》

女性がいなくては、何事もうまく運べないこと。

日本は神代の昔から、女性が加わらないと何事も進行しないことをたとえたものです。天照大神（あまてらすおおみかみ）が岩戸に隠れたとき、天鈿女命（あめのうずめのみこと）が舞踊を舞い、その魅力で岩戸を開けるのに成功したという故事から生まれたことわざです。

女性の力は偉大なものです。男ばかりの会議で議論が決裂したとき、女性が参加したことでうまくまとまるということがあります。空気の流れが変わったのです。

電車の中に、男性ばかりを詰めこみ満員状態にしたらどうなるかという実験では、十分もしないうちに喧嘩が始まったといいます。そこへ、数人の女性に乗車してもらったところ、あっという間に雰囲気が変わり、和やかになったそうです。女性特有の良い意味での「色気」が場を救ったのでしょう。

料亭で会合を行うのも同じことです。女将さんや芸者さんが同席することによって場が和み、意見の食い違いなどでいさかいが起こりにくくなるのです。物事は、女性が仲裁に入ることでうまくいく、ということがあるものなのです。

悲しい時は身一つ

かなしいときはみひとつ

困った時には人は頼りにならない。頼りになるのは我が身だけ。

困って落ちぶれたりすると、他人は寄りつかなくなるので、自分自身を頼るしかないことを言っています。「身一つ」は財産も何もなくなり、あるものは自分の体だけという意味です。

勢いがあったり、お金があるときは、他人はいろいろ話しかけたり、何かと誘ってくれるものですが、「困っている」ことがわかると、突然冷たくなるものです。ついこの間まで、頻繁に来ていた電話やメールも来なくなります。それどころか、こちらが連絡しても素っ気ない返事をします。お金を無心されると思うからなのかもしれません。けれども、それが世の中というものなのです。

「今は困っていても、必ず将来、見返してみせる」と決心すれば良いのです。そして再び良い生活に戻ったとき、冷たくした人たちを一回だけ食事などに招待しましょう。そうすることで、あなたの悔しかった気持ちは晴れるはずです。その後は、そういう人たちと会う必要はありません。困ったときにこそ、助けてくれる人が真の友人だからです。

聞くは一時の恥聞かぬは一生の恥

きくはいっときのはじきかぬはいっしょうのはじ

知らぬことを聞くのはその場の恥で済むが、聞かないでいると一生の恥になる。

知らないことは、恥ずかしがらずに、積極的に質問した方が自分のためになるとたとえています。類句に「問うは当座の恥問わぬは末代の恥」があります。

知らなくても済むことは、何となくやり過ごしてしまっているものですが、常識的な事柄に関してはやはり、知っておいたほうが良いでしょう。そして、もし知らない事柄が話題に出た場合は、素直に質問するようにしましょう。

一番始末が悪いのは、分からない話題が出てもうなずいてしまい、「知ったかぶり」をすることです。まわりに人がいることで恥をかきたくないと思い、知ったかぶりをしてしまうのかもしれませんが、自分のためになりません。ひと言勇気を出して「それは、どういうこと？」と質問すればいいのです。自分が思うほど、まわりは恥ずべきことだとは思っていません。万が一「そんなことも知らないの？」と言われたとしても、それは一時の恥。いつまでも気にすることはありません。

窮すれば通ず《きゅうすればつうず》

行き詰まって絶体絶命の立場になると、かえって活路が開かれる。

人間はどうにもならない状態に追い込まれると、かえって苦境を切りぬける手段を見つけるものであると言っています。「窮鼠、猫を噛む」（きゅうそ、ねこをかむ）ということわざもあります。窮地に追い込まれると、どんなに弱いものでも死にものぐるいになって戦うので、とうていかなわない強い相手でも倒すことができるとたとえたものです。

また「背水の陣」は、一歩も退くことのできない立場に立ち、必死の覚悟で事に当たることを言いますが、このように人間は開き直ると、思わぬ力を発揮し、強く生きて行くことができるようです。

しかし、「窮すれば濫す」（きゅうすればらんす）ということわざもあり、せっぱ詰まると心が乱れてしまい、「前後の見境なく、いけないことでもやってしまう」という場合もあります。

どんなに行き詰まった状況であっても、「窮すれば濫す」ではなく、「窮すれば通ず」にしたいものです。

君子危うきに近寄らず《くんしあやうきにちかよらず》

人格のある人は思慮があり、危険なことには決して近寄らない。

「君子」とは、教養があって、「徳」が備わっている人を言います。類句に「危ないことは怪我のうち」があります。

近年は、日本も決して安全な国とは言えなくなっています。どこにどんな犯罪が潜んでいるかわかりません。大丈夫だろうと思って出かけたところ、とんでもない事件に巻き込まれたりすることが日常的に起きています。安全は、他人の判断に任せるのではなく、自分の判断でしっかりと確かめなければならない時代になっているのです。

格安の旅行会社のパンフレットに魅せられて外国旅行に出かけたところ、パンフレットの写真にある、立派なホテルとはかけ離れた粗末なホテルに案内された上、鍵もかからない部屋に通されて、怖い毎日を過ごしたという女性がいました。

人は、「怖い物見たさ」があるものですが、好奇心などで軽率な行動をとってはいけません。軽い気持ちで危険な場所に近づいたことで、大切な自分の人生を台無しにした人もいるのです。

くれぐれも「君子危うきに近寄らず」です。

後生願いの六性悪

ごしょうねがいのろくしょうあく

来世の安楽を願っていながら、徳を積まずに悪いことをすること。

来世の幸せを願っている者は善行を積まなければいけないのに、実際にはたちの悪いことをする者がある、ということを言っているものです。

そして、このことわざは「後生（ごしょう）」と「六性（ろくしょう）」の語呂合わせにもなっています。

後生とは仏教語であの世（来世）を指し、生まれ変わって極楽で安楽を得ることを意味します。

「六性悪」は、人間の持つ、喜・怒・哀・楽・愛・悪の六つの情を言います。誰にでもある、これら六種の感情の中にも、何かしら陰険なものがあるという戒めです。

善い行いをしないものは、どんなに必死に来世の幸福を願っても、決して望み通りにならないと説いています。

今日からでも遅くありません。日々善行を積み、徳を重ねて行くことにいたしましょう。

酸いも甘いも噛み分ける

すいもあまいもかみわける

経験豊かで、人情の機微に通じ、世の中の裏表を知り尽くしている。

酸っぱいものと甘い物を区別して味わい、良い点も悪い点もよくわかっていることから伝えられたことわざです。人情のこまやかさや、世間の微妙な事情を長い経験から知っている人や、ものわかりの良い人、人生の達人のような人を言います。

こういう人がそばにいると安心です。何か困ったときに、何でも相談に乗ってくれそうだからです。

ある講演会で、中学生から「人生の達人は、何歳になればなれるのか」という質問を受けたことがあります。その時は、「年齢ではなく、その人がどういう生き方をしてきたのか、またどのような経験をしてきたかによって、達人にもなるし、凡人にもなる」と答えました。

人は一生、勉強の連続です。おそらく最期の時になっても、自分が酸いも甘いも噛み分けた人生の達人になり得たかどうかは、分からないものなのかもしれません。

盛年重ねて来らず《せいねんかさねてきたらず》

若い盛りは一生のうちに二度と来ない。

　青春は二度と来ないので、時をいたずらに空費せず、勉学に励まなければならないという戒めです。「歳月人を待たず」ということわざもあります。時は人を待っていてはくれず、どんどん過ぎていく、だから時間を大事にせよと言っています。

　しかし青春真っ只中にいる人は、なかなかそれに気がつかないものです。年をとってから、あの時代にもっと勉強しておけば良かったと悔やんでみても、どうにもなりません。何か一つでも、青春時代にしかできないものをやっておくことが大切です。スポーツもその一つでしょうし、読書もしかりです。とくに読書は、社会人になると時間が取れなくなり、思うように読めないものです。

　もしあなたに、テレビを見る時間があったなら、読書の時間に切り替えることをお勧めします。テレビは一過性のもので、見ているときは面白くて楽しいのですが、見終わった後に、残るものはあまりありません。その点、本は感動を呼び、心に残ります。若い頃に読んだ本は、いつまでも覚えているものです。

喩えに嘘なし坊主に毛なし

たとえにうそなしぼうずにけなし

たとえとして引用されることばは、どれも真理をついていて嘘はない。

昔から伝えられている「ことわざ・たとえ」には、人間や人生についての真実が語られているというものです。「坊主に毛なし」は単に語呂合わせをしたものと考えられます。

「たとえ」を読んだり、聞いたりすることは様々な面で参考になります。それにより、自分の考え方の誤りや、人生の指針を変更することさえあります。類句に「喩えと豆腐汁は捨てるところがない」があります。豆腐には捨てる部分がなく、すべてが血となり肉となります。それと同じように、「たとえ」には、少しの無駄もないと言っています。

しかし「喩えを引きて義を失う」ということわざでは、「たとえ」を用いて根本の道理を見失ってはいけないと諭しています。

よくことわざを使って、子供に説教をする親がいます。でもどんなにいいことわざを挙げても、親自身がそのことわざ通りの正しい生活をしていなければ、子供は言うことを聞かないものです。

他人の飯を食う

たにんのめしをくう

世間の荒波にもまれて、様々なつらい経験を積むこと。

昔の一人暮らしは「下宿」といって、他人の家の一部屋を借りて生活していました。現代のようにアパートでの気楽な一人暮らしというわけにはいきません。食事も風呂も下宿先の家族と一緒ですから、いろいろと気を遣い、遠慮もしなければなりませんでした。まさに「他人の飯を食う」だったのです。

このように下宿であれ、若いうちに親元を離れて生活をすることは大事なことです。自立した生活は、つらいこともありますが、いろいろな経験を積むことができ、その後の人生に役立つことが多いものです。

一人暮らしをしてみると、まず日常のこまごまとした物がすぐ不足することがわかります。トイレットペーパー、石鹸、歯磨きなど、どれもこれも、親と同居していれば当たり前のようにあった物ばかりです。「お母さん、シャンプーがないよ」と言えば、はいはいとすぐに出してくれていたでしょう。しかし一人暮らしでは、そうはいきません。何もかも自分で買ってきて用意をしなければならないのです。その大変さが分かっただけでも勉強になるものです。

ちょっと来いに油断するな

ちょっとこいにゆだんするな

ちょっと来てくれと頼む用事はろくなことではない。

これは江戸時代の目明し（めあかし）が、罪人などを捕らえるときに使ったことばから、生まれたことわざです。「目明し」は、悪人を取り締まる奉行所役人の助手をさして言ったものです。実際の目明しは、映画の時代劇のように大立ち回りをすることはまれだったようで、十手をちらつかせ、「ちょっと来い」の一言で人を連行することが多かったと言います。大昔のことですから、確かな証拠もなしに、人を引っ張って行くことも度々あったようです。江戸の町民たちは、目明しの「ちょっと来い」の声に、さぞおびえたことでしょう。

しかし現代でも、「ちょっと来てください」の用事には、大抵良くない事柄が多いものです。ことに嫌なのは、税務署や警察署のたぐいでしょう。何も悪いことをしていなくても、呼び出しを受ければ不安になります。会社でも上司から呼び出されると、何だろうと思ってしまうものです。

このことわざは、突然呼び出されたら、ろくなことがないので心して対応しなければならないという戒めです。

手が入れば足も入る

てがはいればあしもはいる

一度許すと次々と入り込まれること。だんだんに深入りすること。

このことわざは「良いお人と思ふを幸、恥しい事言うて、手が入れば足が入ると、どうやらかうやらあなたも得心」と歌った浄瑠璃から引用されたものです。「得心」は、心から承知すること。納得することです。なにやら、なまめかしい浄瑠璃から生まれたことわざのようです。

このことわざは、一度仕方なく許すと、きりがなく入り込まれてしまうことをたとえています。借金を申し込まれ、「一度だけ」と思い貸してしまうと、次からも度々借金を申し込まれてしまう…ということもあるようです。一度許すと、きりなくつけ込まれるのです。

恋人同士でも、同じようなことがあります。結婚するまでは一緒に旅行などできないと、かたくなに断っていた彼女が、彼のことばに根負けして、一度だけの約束で出かけたところ、次からは、彼にだめと伝えてもまったく言うことを聞かなくなったという場合にも当てはまります。

一度許すときは、次が来ることを覚悟して許さなければなりません。

虎の威を藉る狐《とらのいをかるきつね》

権力のある人の力をかさに着て威張る人。

「藉る」は借りるという意味です。このことわざは寓話から生まれたものです。

「百獣を探し求めて食うという虎が、ある日一匹の狐を捕らえたところ、狐は『私は百獣の王になるよう神様に命ぜられた者です。ですから私を食べてはいけません。嘘だと思うなら証拠を見せてあげます。私の後についてきてください』そう言う狐に虎が後ろからついて行くと、周りにいた獣たちは虎を見て逃げ出してしまいます。虎はみんなが狐を恐れて逃げたのだと思い込んだ」というお話です。

　このことから、自分には力がないのに、人の権力を用いて威張る人間をさして言うようになりました。

　世の中には、大企業の社員であることを自慢して威張ったり、喧嘩の強い者の後ろについて怒鳴り散らしたりする愚かな人がいるものです。けれども周囲は、それが「虎の威を藉る狐」だとわかっているのです。どんなに有名な会社に勤務していようが、人の力を借りて威張るような人間にはなりたくないものです。

泣くより歌《なくよりうた》

同じ一生なら陽気に暮らせ。

泣いて暮らすのも一生なら、笑って暮らすのも一生。そうであるなら、笑って陽気に暮らした方が良いというものです。人生にはいろいろなアクシデントがあります。長く生きていればいるほど、苦労も多いものです。人はつらいと泣きますが、笑うことはなかなかできないものです。明るく過ごそうと努力をするのですがうまく行きません。しかし世の中にはつらさを忘れる努力を上手にできる人もいます。

以前、陽気で楽しい女性に会ったことがあります。いつも笑顔で人に接する四十代半ばのその女性は、実は乳がんを患っていたのです。それを知らずに、「元気いっぱいですね」と会うたびに声をかけていました。返ってくる答えは毎回「おかげさまで元気にしています。毎日が楽しいですよ」でした。その後、残念なことにその女性はこの世を去りました。けれどもあの明るい笑顔は、今でも目に焼きついています。

人はそれぞれ生き方があります。どう生きてもその人の人生です。でも同じ人生なら、陽気に明るく過ごしていた方が、周りの人を幸せにし、また何だか得をするような気がします。

二度ある事は三度ある《にどあることはさんどある》

二度まで同じ事があれば、続いてもう一度同じことがおこる。

物事には反復する傾向があることを言っています。ただ、良いことだけが三度くれば誰しもうれしいものですが、こればかりはうまく行かないようです。

同じ箇所を続けて二度怪我した人が、「二度あることは三度あるというから気をつけないといけない」と言っていたら、本当にまた同じところを怪我したということがありました。幸い軽い怪我でしたから、笑って済まされましたが、妙なことがあるものです。

大昔からあることわざですから、そういう苦い体験をした先人たちが、教訓として後世に伝えていったものなのでしょう。

このことわざは実のところ、「良いことは二度、三度ある」ではなく、「災いは二度、三度続くもの」だから、同じ災いにあわないよう十分に気をつけなければならないという戒めのようです。

猫の子を貰うよう

ねこのこをもらうよう

縁組で至極無作法、無造作なことを言う。

男性にとっても女性にとっても結婚は一世一代の大事なものです。その大事な結婚に際し、猫の子をもらうような無作法を行うことをたとえたものです。縁組は双方の家がからむことで、当人同士の勝手な結婚はなかなか理解してもらえないものです。女性側は、かわいい娘を大切に扱ってほしいと願いますし、男性側も、息子の結婚なのだからと、これまた大切に思うものです。

ところが、このバランスが崩れると問題が生じます。

近年は略式も多いようですが、両家の理解がないままに新郎側が、結納や結婚式の段取りを簡単にしたり省いたりすれば、「うちの娘を猫の子をもらうように扱って失礼だ」と抗議されてしまいます。また反対に、息子が親に何の相談もせず、ある日突然、嫁になる人を連れて来たら「猫の子をもらうわけじゃあるまいし、素性のわからない女とは結婚させない」という具合になります。

人生の中で重要な行事の一つに挙げられる「結婚」は、するべき段取りはきちんとしなければいけない、簡単に考えてはいけないという戒めです。

始めあるものは終わりあり

はじめあるものはおわりあり

ものごとには、始めがあれば必ず終わりがあるものだ。

生まれたものにはいつか必ず死が訪れ、栄えたものにも必ず滅びるときが来るということです。

人間は誰しも必ず死ぬものです。けれども、もちろん、そうとはわかっていても若いうちは漠然と考えているだけで、自分の死について深刻になってはいないものです。やがて年老いてから来る死を、毎日考えていては、希望もなにもあったものではありませんし、あまり死を考えることをしないから、勉強も仕事も一生懸命やるのでしょう。あなたの人生は二十歳まで、あなたは三十歳までと決められていたら、人間は働く意欲をなくしてしまいます。

しかし、ある程度の年齢になると、人は将来の死を考えるようになります。そして動物や植物がそうであるように「始めあるものには終わりあり」と理解するようになるのです。

すべてに終わりがあることを受け入れることができたとき、死への恐怖もやわらいでいくのです。

一つよければまた二つ《ひとつよければまたふたつ》

人間の欲望には際限がない。

一つ願いがかなうと、もう一つ、さらにもう一つと欲望が起こって、結局満足することがないとたとえています。

まるで子供が飴玉をねだっているようですが、人間すべて生きている限り、願望は続くものです。しかし願望があり欲望があるからこそ、さらに人より一歩前へ進もうと、努力をしていくものなのでしょう。

勉強や仕事の欲張りや願望は、大いに結構なことだと思います。ある程度の成果が出れば満足するからです。けれども、金銭の欲張りは、ほどほどにしておかなければなりません。金への欲望や執着心が強く、人生を棒に振った人もいます。

際限のない人間の欲望に、これでよしと区切りをつけるのは勇気のいることです。でもその勇気が、あなたの人生を安全なものにしてくれるのです。

「欲に目が眩む」「欲と道連れ」ということわざがあります。ともに欲のため善悪の判断がつかなくなることです。せいぜい「一つよければまた二つ」までです。三つ目を欲しがってはいけません。

平家を滅ぼすは平家

へいけをほろぼすはへいけ

自分をだめにするのは自分自身である。

平家はその悪業のために自滅したということから生まれたことわざです。「自業自得」のたとえです。

自分の不幸や不出来を他人のせいにする人は結構いるものです。「会社に遅刻をしたのは、朝、母親が起してくれなかったから」とか「試験に合格できなかったのは、両親のDNAを受け継いでしまったから」とか、屁理屈を言うのです。また生活に困れば、政治が悪い、社会が悪いと悪態をつき、ひどい人は、ひいきの野球チームが負けたのも、世の中のせいにしてしまいます。

たしかに今の日本は、政治も社会も、世界の模範になるような立派な世の中になっているとは言えないところがあります。しかし、何もかも人のせい、世の中のせいにすることはできません。それは「やけのやけっぱち」です。

世間に文句を言う前に、まず自分自身を振り返って、きちんとした生活ができているかを検証してみる必要がありそうです。このことわざは、「自分をだめにするのは、自分自身である」という戒めなのです。

誉人千人 悪口万人

ほめてせんにんわるくちまんにん

世間には人を誉める者は少なく、悪口を言う者が、とかく多い。

誉めてくれる人が千人いると、悪く言う人は一万人もいるので、とかく世の中は、誉めてくれる人よりけなす人のほうが多いとたとえています。

しかし、「誉められて腹立つ者なし」ということわざがあります。せめて自分自身は、今日から人を誉める練習をしてはいかがでしょう。誉められて悪い気持ちになる人は少なく、お世辞と分かっていてもうれしいものです。

朝、会社の同僚の女性に会ったら、「おはよう、今朝は一段と素敵ね。何かいいことあったの?」と言ってみましょう。それだけで、相手はあなたに好意を持ち、にこやかな表情になります。とくに子供は、誉められると目を輝かせます。親に誉められて育った子供は、きっと人にやさしく思いやりのある人間になっているはずです。

しかし、「誉める人には油断すな」ということわざもあり、理由もなくお世辞を言ってくる人は、何か打算があるので警戒しなければいけないとも言っています。あまり不自然に誉めすぎるのも考えものだということでしょう。

曲がらねば世が渡られぬ

まがらねばよがわたられぬ

正しいことばかりを言っても、世の中は渡ってはいけない。

道理にかなったことだけをしていても、複雑な世の中はうまく渡って行くことができないと言っています。

ときには、相手のすることや言うことが間違いだと思っても、自分の意を曲げて、相手に同調しなければならないことがあるものです。同調すれば後味の悪い気持ちになることは分かっているのですが、この場を切り抜けるには仕方がないとあきらめてしまいます。

類語に「水清ければ魚棲まず」ということわざがあります。あまりに澄んだ水には、餌になるプランクトンや姿を隠せる岩が少ないため、そのような場所に魚は近寄らない、ということから、正直も度がすぎると人に親しまれず、孤立してしまう、と言っています。

人は、あまりに清廉潔白すぎると、かえって生きづらくなってしまうものなのです。自分自身の正義を通したい…そう思っても、会社での上下関係やお得意さんとのつき合い、嫁姑関係など、年を重ねるほどに、曲がらなければ渡っていけない「世間の事情」がわかってくるのです。

見ざる聞かざる言わざる

みざる　きかざる　いわざる

他人の悪い点、また自分に都合の悪いことを見ない、聞かない、言わないこと。

「さる」と「ざる」を掛けた言葉で、三匹の猿がそれぞれ、目と耳と口をふさいでいる姿を石塔などに彫ったものを「三猿」（さんえん）と言います。日光東照宮にあるものが有名で、ほかにもよく神社などに飾ってあります。

「人の欠点を見ない、聞かない、言わないようにしなさい」と戒めるとともに、自分に都合の悪いことは「見ざる」「聞かざる」「言わざる」で切り抜けなさいという、処世術を猿に置き換えてたとえています。

人は他人の嫌なところやあやまちを見たり聞いたりすると、それをまた他人に言いたくなります。しかしその行為は、自分にとって良い結果につながりません。言わなくても良いことをしゃべったことで、友好関係が崩れてしまうこともあります。

人間は誰しも欠点だらけです。しかしその欠点が、その人の個性になっていることもあります。ことわざが示すように、他人の悪い面は、「見ない、聞かない、言わない」ことが賢明な生き方のようです。

我が身を抓って人の痛さを知れ

わがみをつめってひとのいたさをしれ

自分が苦痛だと思うことは、人も同じように苦痛である。

「我身つめって人の痛さを知れ」が元々の句です（元の句では「つねって」ではなく「つめって」）。北条氏直（ほうじょううじなお・一五六二〜一五九一）が言ったことばです。

人はとかく他人の苦しみや痛さに気づかずに、思いやりのないことをしてしまうものです。様々な人生経験を積んだ人さえ、時にひどいことを言う場合があります。

このことわざは、自分の身をつねってみて痛いのであれば、他人も痛いのだから、相手を思いやらなければいけないという戒めです。類句に「我が身を立てんとせばまず人を立てよ」があります。自分の望みを達しようとすれば、我先にせず、人にゆずる気持ちを持たなければならないと言っています。

世の中には、自分さえ良ければ、他人がどうなろうと何とも思わないという人がいるようです。「自分がされて困ることは、他人も困る」のです。常にそのことを胸において生活していきたいものです。

二章

恋愛・家族にまつわることわざ

愛多ければ憎しみもまた多し

あいおおければ
にくしみもまたおおし

愛と憎しみは表裏一体。愛に潜む独占欲の強い現れを言う。

愛情の中には憎しみも宿っているということです。「愛憎は紙一重」「愛は憎悪の始め」ということわざもあります。ちょっとした感情のもつれで仲たがいをしたとき、今まで愛していた心が憎しみの心に変わるというものです。

また愛には他人に盗られたくないという独占欲があり、そのため恋人が浮気をすると深刻な事態に発展してしまいます。石川さゆりさんの歌「天城越え」の一節。

「誰かに盗られるくらいなら　あなたを殺していいですか」

怖い詞ですね。どうしようもないほどの愛を感じたとき、人間はその人を永久に自分のものにしたいと思うものなのです。

愛するのも愛されるのも、ほどほどのバランスを保つほうが良いのかもしれません。そのバランスが崩れると、愛が憎さに変わって押し寄せてきます。

逢い戻りは鴨の味《あいもどりはかものあじ》

一度別れた男女の仲がもとに戻ると、前にも増して情愛が深くなる。

同窓会などでよくあることです。懐かしい同級生たちとの再会。地元で就職した「元彼」も出席しています。今、おつき合いしている人がいないあなたは、久しぶりに会う元彼に胸がドキドキ。彼の方も、都会で洗練されてすっかり美人になったあなたを見直しています。そして二次会のあと、お酒の勢いも手伝って…。

あとは説明の必要はないでしょう。しかし、高校時代の思い出から時間がストップしていたあなたは、彼に妻子があることは考えてもいなかったのです。年月は人を変えます。お互いの環境も昔とは違うため、この場合は問題を残す結果となり、あと味の悪い結末となってしまいました。

昔の恋愛に再び火がついた愛欲は、以前より激しいものとなり、理屈ではどうにもならないものへと発展してしまうので、気をつけなければならないという戒めです。

今の情けは後の仇

いまのなさけはのちのあだ

一時の安易な同情は、後になって良い結果をもたらさない。かえって害になる。

受験期の女子中学生が、同級生の男子から「受験をがんばろうね」というメールをもらい、たった一度だけ返信したことがきっかけで、その男子に命を奪われるという不幸な事件がありました。日頃から少し不気味な存在だった彼に、女子中学生は返信をためらいましたが、同じ受験生なのだからと同情して返信をしたのです。この返信が来たことで、自分が好かれていると勘違いをした男は、高校入学後、執拗に彼女を追いかけ事件を起こしました。

このように、安易な同情は後になってとんでもないことになりかねません。どうしてもお金の都合がつかず、貸して欲しいという彼に同情し、「今回限りですよ」とお金を渡したら癖になり、その後何度も借金を申し込まれ、喧嘩が絶えなくなって別れてしまった、といった話もあります。

一時の安易な同情は、心を鬼にしても決してしてはいけないということでしょう。

色は思案の外《いろはしあんのほか》

恋愛は理性を失う。「恋は思案の外」とも言う。

恋をすると理性を失って、常識や普通の考えができなくなってくるものだということです。若い人たちだけでなく、中高年にも起きる熱病のようなものです。

新聞の「人生相談欄」に次のような相談が寄せられていました。七十歳を過ぎた女性が、ダンス教室で知り合った同年代の男性に恋をしてしまいました。ともに夫や妻がある身です。「いい歳をして、いけないことと分かっているが、この想いはどうにもならなく、どうしたものだろう」という内容です。

人生のベテランである年齢の方がこうなるのですから、若い人がこの熱病にかかったら、もっと激しいものになることでしょう。しかしこの熱病は、理性でも止めることができず、治す魔法の薬はありません。

恋に燃えているときは、周囲の人の意見が耳に入らなくなります。しかし、友人や家族の誰かがあなたの恋に反対したら、その恋には何か問題があると考え、一度冷静になることです。理性をなくした恋は幸せをつかむことができません。

馬には乗ってみよ人には添うてみよ

うまにはのってみよ ひとにはそうてみよ

人間はつき合ってみなければ、相手の性格や善悪はわからない。

馬の善し悪しは外見だけでは分からないもので、乗って初めて良馬であるとわかるように、人間も一緒に暮らしてみなければ分からないということです。とくに結婚ともなれば、慎重に相手を確かめる必要があります。

「成田離婚」という言葉が出始めて、もう二十年以上になります。相手の性格がよく分からないまま結婚して、新婚旅行先で本質が分かり、帰国したときには離婚を決意することを言いますが、実際に男女というものは、一緒に暮らしてみなければ分からないことだらけです。

恋人同士の時は、お互いに自分を飾るもの。少し交際して分かったつもりでも、結婚してみると実は金銭にルーズであったり、無責任であったりすることがあります。

相手の本質を見抜くには、彼（彼女）の部屋で何日か生活してみる必要があるかもしれません。一日中一緒にいるわけですから、ボロも出てきます。そのボロすらも心底あなたが許せる相手なら、その結婚は幸せになるに違いありません。

縁と月日の末を待て

えんとつきひのすえをまて

良縁やチャンスはあせったり無理をしたりせず、自然に到来するのを待つのが良い。

「縁と浮世は末を待て」とも言います。良縁と人生の好機は、あせらずにゆっくり待てということなのですが、待っていられないのが人情というもの。

友人たちがどんどん結婚し、「幼稚園に通っている子供がいる」などと聞くと、あせってしまう人がいます。「これから結婚できたとして、翌年子供が生まれると、その子が小学生になる頃、私は四十二歳。運動会で子供と一緒に走れるかしら」などと言っている女性に出会うことがあります。確かに、高齢になってからの子育ては体力的にも大変かもしれませんが、世の中晩婚の時代です。全体的に結婚が遅くなっているのですから、むやみにあせることはありません。

良縁とはその人の心構えで決まるものです。本当に結婚に適した時期がきたときに、その縁は自然と到来するものなのでしょう。

男は妻から《おとこはめから》

男の出世や幸せは妻の良し悪しできまる。

妻の心がけ次第で、男は出世し、幸せにもなるということです。司馬遼太郎原作「功名が辻」の主役である山内一豊は、妻の千代の支えにより下級武士から、土佐二十四万石の城主にまでなります。その中にこんな逸話があります。

貧乏な頃の一豊に、「優秀な馬を揃えよ」と織田信長の命令が下った際、妻の千代は、貯めていたへそくりを差し出し、馬を購入。この馬が信長に気に入られたことから一豊は一気に出世していくというのです。

これを現代に置き換えるとどうでしょう。営業マンのご主人は得意先からゴルフのお誘いを受けました。そこで奥さんにプレー費を出して欲しいと頼むのですが、「そんなお金がどこにあると思っているの！」という奥さんのキンキンした声が…。

個人的とはいえ、お得意さまはご主人を気に入っているからこそ誘ってくれたのです。このゴルフが縁で、新たな仕事を得られるかもしれません。そうなればご主人の出世にも関わってきます。こうした判断が即座にできる妻こそ、良妻と言えるのではないでしょうか。

お前百まで わしゃ九十九まで

おまえひゃくまで わしゃくじゅうくまで

夫婦が仲良く、ともに長生きすることを願ったもの。

「お前百までわしゃ九十九まで、共に白髪の生えるまで」と続く俗謡（小唄、端唄などの歌曲）です。しかし、白髪は五十前には生えてくるので、後のことばは変かも知れません。多分語呂合わせをして歌っていたのでしょう。

お前とは夫、わしゃは、妻のことをさしています。つまりこれは、妻が夫に言っていることばなのです。「あなたは百歳まで生きてくださいね、私はあなたより、一年少ない九十九歳でいいのです」。昔の女性の、夫への謙虚な気持ちが表われています。

熟年離婚が多くなっている今日、夫婦仲むつまじく長生きして、生涯をまっとうするカップルは少ないと言われています。夫婦といっても、もともとは他人同士。それが縁あって共に生きる「運命連帯者」として誕生したのが夫婦です。見知らぬ他人同士が、何かの力のおかげで知り合う。これが「縁」です。神様が人間に与えてくれた恩恵なのでしょう。ですから、その縁は大切にしなければなりません。

思うに別れて思わぬに添う

おもうにわかれておもわぬにそう

好きな人とは結ばれないで何とも思わなかった相手と結婚する。

初恋の人とは結ばれないのが世の常です。好きでたまらない人には案外冷たくされ、自分が何とも思っていない人から求愛されるということはよくあるものです。

女性は惚れるよりも、惚れられた方が幸せになると言います。最近結婚したある女性がいます。彼女は元モデルさん。美人ですから多くの男性からの注目の的でした。その彼女が結婚したお相手というのが、どちらかと言えばモテないタイプの男性。なぜ彼を選んだのか聞いてみたところ、「彼が一番自分を大切にしてくれそうだったから」と彼女は答えたのです。

商社に勤める彼は、結婚後も、会う人ごとに女房自慢をします。「うちの奥さん美人でしょう?」こちらが恥ずかしくなるほどの女房自慢です。でも嫌味がありません。本当にうれしくてしかたがないのです。学生時代は、ほとんど女性にモテなかった彼が、生まれて初めて射止めた恋女房。それほど惚れた女房ですから、彼は家にも早く帰ってきますし、浮気なんて考えもしません。「自分を一番大切にしてくれる彼」は惚れるよりも惚れられた相手にあると、彼女は知っていたのです。

鏡は女の魂《かがみはおんなのたましい》

鏡は女性の精神を打ち込むもの。鏡は女性にとって魂といえるほど大切なもの。

「刀は武士の魂、鏡は女の魂」と続けて言う場合もあります。昔、刀は武士の魂として尊重したのに対して、女の魂は鏡にあると言われ、大切にされていました。いずれも貴重なものなので、曇らせることなく手入れを良くしなさいということなのでしょう。

この頃は電車の中で、大きな手鏡を出してお化粧する若い女性を見かけます。最初はびっくりしましたが、最近は何度も見かけるので慣れてしまいました。軽く化粧直しをする程度ならまだしも、前日の化粧を落としてから念入りにする人もいて、恥ずかしくないのだろうかと呆れてしまいます。でもそういう女性に限って美しい人はいません。おそらく、前夜遅くまで遊び放題で朝寝坊、化粧をする時間もなくて、電車の中で…といったところなのでしょう。時折、居合わせた中年の女性が眉をひそめて睨みつけているのですが、平気な顔をしています。

鏡は女の魂です。きれいに磨いた鏡をじっと五分以上見つめてください。鏡は正直に、あなたの心を映し出します。

佳人薄命《かじんはくめい》

美人は生まれつき病弱か、運命にもてあそばれて不遇に終わる。

類句に「美人薄命」があります。美人が生まれつき病弱というのはあり得ませんから、病に伏した女性は肌の色が抜けるように白く見えるので、そう言われたのだと考えられます。昔の大病といえば結核が多く、コンコンと咳をする様子が、いかにも弱々しく可憐に見えたのでしょう。

このことわざは、どちらかといえば美人がゆえに、運命にもてあそばれるといった意味の方が強いと言えます。美人は男たちにもてはやされるので、つい男から男へと浮名を流し、次第にすさんでいくといったものです。

美人の標準がどこにあるのかわかりませんが、時代とともにその価値観が変化してきているのは事実です。化粧方法も変わり、きれいな女性が増えてきました。でも中には、美人がゆえに「モテる」をはき違えて、次から次へと男性を代える女性もいます。「選んでかすを掴む」ということわざもあります。えり好みをしているうちに、かえって悪いものをつかんでしまうたとえです。運命にもてあそばれることのないよう、美人であっても決してそれにおぼれないことです。

稼ぎ男にくり女

かせぎおとこにくりおんな

外でよく働き金を稼いでくる男と、家計のやりくりが上手な女を言う。

理想的な夫婦のありかたを言っています。外に出てせっせと働き、一家の収入をはかる夫と、無駄のないように家計をやりくりする妻がいる模範的な家庭の姿を言ったものです。

四十代のサラリーマン家族四人の、一ヶ月の平均食費を調べたことがあります。三万円前後から十万円を超える家もあり、確かな平均は分かりませんでしたが、分かったことは三万円前後の家庭の冷蔵庫の中は、清潔で整理整頓されている見事なものでした。

一方、十万円を超えていると答えた家庭の冷蔵庫の中は、数カ月間も放置している食品があり、中身は当の主婦も分からなくなっているものさえありました。これでは、いくらお金があっても足りません。こうした家に限って、部屋のドアは開けっぱなしで、玄関の靴は脱ぎっぱなしです。

家計管理や整理整頓が上手な女性は賢く、料理も上手な人が多いものです。

家内喧嘩は貧乏の種蒔《かないげんかはびんぼうのたねまき》

家族同士のいがみ合いは、貧乏する原因となる。

夫婦や家族の仲が悪いと、家中の雰囲気がとげとげしいものになり、貧乏のもとになるというものです。とくにお金がないと喧嘩もおこりやすくなりますが、たとえお金がなくても、心まで貧しくなってはいけないという戒めです。

結婚して一度も喧嘩をした事がないという夫婦は珍しく、多かれ少なかれ喧嘩はするものです。むしろ喧嘩した事のない夫婦は、我慢をしているようで不健康です。

「夫婦喧嘩は犬も食わぬ」ということわざがあります。夫婦喧嘩はだいたいが家庭内のつまらぬことから起きるので、他人は干渉せず、二人にまかせていれば、自然に収まるということです。このような喧嘩なら後を引きません。

夫婦喧嘩になった時、「ごめんなさい」を言えますか？　この一言を言えることが大切です。謝られた相手も「悪かった」と素直に反省するでしょう。これが夫婦和合の秘訣。

明るい家庭には必ず幸せが訪れるものです。家庭内が不和だと貧乏神が住みついてくるといいます。

器量は当座の花《きりょうはとうざのはな》

美貌は若い間のごくわずかなことで衰えやすい。

　顔形が美しいなどというのは、長い人生のほんの一時に過ぎないもの。顔の美しさだけに惚れた男は、顔に衰えが現れると、愛情も冷めていくものだというものです。

「私のどこが好き？」彼氏にこんな質問をする女性がいます。大半の男は、どう答えれば彼女は喜ぶのだろうかと迷います。あれこれ考えて無難に「性格」と答えると、彼女は決まって次の質問をします。「性格って、どんなところが？」男は答えます。「優しいところかな」。すると今度は「優しいってどんなところが？」と食い下がってきます。あるいはそんなことよりも、目とか唇とか何かひとつでも身体の一部を誉めて欲しいのでしょうか。そこが女心というものなのでしょうが、男は本当にその人を好きになれば、見た目でなく、その人全体を好きになり、愛するものなのです。

　ですから、あまりに美人だからとか顔がかわいいからとか、そればかりを言う男には気をつけなければなりません。あなたの美貌や若さが衰えた時、そういう男は、あなたに見向きもしなくなります。

禁断の木の実《きんだんのこのみ》

一度始めたらやめられなくなる、してはならない魅惑的な快楽をたとえている。

このことわざは、旧約聖書に出てくるものです。エデンの園でアダムと幸せに暮らしていたイブが、禁じられていた知恵の木の実を、蛇にそそのかされて食べてしまい、エデンの園を追放されてしまったという話から生まれたものです。

日本でも古くから使われていることばなので、ご存知の方も多いことでしょう。コマーシャルの「一度食べたらやめられないとまらない…」なら良いのですが、男と女の関係になると深刻になります。ことに、好きな相手でもないのに、すぐ抱かれてしまうような、セックスの快楽ばかりを追及する禁断の愛は、多くの問題を抱えてしまうことになります。

快楽は楽しいことです。しかし、道徳を守ってこそ得られるものであり、人の道を踏み外すような快楽主義者になってはいけません。

腐れ縁は離れず《くされえんははなれず》

悪縁は切ろうと思ってもなかなか切れるものではない。

別れようと思っていても別れられず、だらだらと続く悪縁を言っています。いつまでも別れないので、腐れ縁というのですが、「悪縁契りがたし」とも言い、周囲がいくら別れたほうが良いと言っても、断ち切ることのできない男女の仲を言います。何年もつき合っていながら結婚に至らなかったり、結婚できない仲（たとえば不倫だったりするわけですが）、こうした二人の間には妙な情が移り、悩みながらもその関係を続けてしまう傾向があるのです。

大方は、長いつき合いのせいで他の人と接触する機会を得られず、別れてしまうと寂しくなるから…という理由で離れられないようです。本当に嫌いになれば、人間は別れられるものなのですが、こうした二人はそこまで達しないので始末におえません。

しかしながら、腐れ縁の多くは良縁ではなく、破局に終わります。それならば、勇気をもって早めに断ち切ることです。断ち切れば、必ず新しい良い人に巡り会うことができるものです。

下女腹よけれ主腹知らず

げじょはらよければしゅはらしらず

下女（しもじもの女）は自分さえ満腹なら、主人の腹具合は考えない。


　自分の都合ばかり考えて、主人のことは何も思わないということなのですが、これは現代の夫婦にも当てはまることわざかもしれません。「亭主元気で留守がいい」「粗大生ごみ」などと言い、自分は昼間からテレビに夢中で、贅沢なランチと買い物に明け暮れているような妻がいるようです。

　また、ご主人が定年を迎えた家庭では、四六時中夫が家にいることにだんだんと嫌気がさして、昼食も作ってあげない妻もいるようです。雨の日も風の日も、家族のために毎日仕事をして苦労してきたお父さんたちが、やっと自由になったというのに、なんと冷たいことでしょう。自分さえ楽しく、満足に生きられればそれでいいのでしょうか…。

　熟年離婚をした人たちの半数が、奥さんからの離婚の申し立てという統計もあります。今からでも遅くありません。家族のために必死に働いている夫にも最善を尽くしましょう。きっと、あなたにも良いことが訪れます。

恋にはなまじ連れは邪魔

こいにはなまじつれはじゃま

恋を語るのに、連れがいては邪魔。差し向かいが良い。

会社の昼休み、同僚の男女二人が恋しているのを知らずに、「一緒に食事しよう！」と声をかけて、妙な雰囲気になってしまったという経験はありませんか？　あとになって事情がわかり、なんとヤボなことをしたものだと反省するのですが、知らなかったのですから仕方ありません。

恋という漢字の旧字は「戀」、二つの糸の間に「言」その下に「心」があります。恋は二本の糸が結び合うように、お互いに心惹かれることです。そして恋には、ことばが大事だということです。新字は「亦」に心ですからロマンチックではありません。つくづく旧字は良くできているものだと感心します。

恋愛中の二人にとって、会話は楽しいもので夢があります。そんな二人の中に入り込んで邪魔をしてしまうのは、「愚の骨頂」。この上なく愚かなことと言えます。たとえ二人に「どうぞ一緒に」と言われても、空気を察して遠慮するほうが賢明なようです。

恋に上下の隔てなし《こいにじょうげのへだてなし》

恋愛には、身分の上下による分け隔てはない。

好きになるのに身分や貧富は無関係であるということわざです。確かに、恋だけならいいのです。しかし、そこから発展して結婚となると様々なことが生じてきます。

結婚は当人同士が良ければ成立しますが、その背景にそれぞれの両親、兄弟姉妹、親戚がいます。全員が祝福してくれれば問題はないのですが、中には家の格が違うとか、学歴、教養に差があるなどともめることがあります。二人の生まれ育った環境が似かよっている場合は良いのですが、そのバランスがあまりにも違う場合は、苦労することになります。

恋愛している最中は、何もかも理解しあっているように思いますが、いざ結婚生活に入るとそうはいかなくなります。価値観、作法、食生活など、今まであなたが経験してきたものとあまりにもかけ離れていると感じたときに、不幸が訪れます。

往年の名画「ローマの休日」は、王女さまが新聞記者と恋愛する美しいお話ですが、環境が違い過ぎるため、その結末は別れでした。何事もバランスが大事。庶民は庶民と結婚したほうが、気が楽で幸せなのかもしれません。

恋の道には女がさかしい

こいのみちにはおんながさかしい

女性は恋をすると男性よりも知恵がまわる。

このことわざは、「雨月物語」を書いたことで知られる江戸後期の文芸作家、上田秋成（一七三四〜一八〇九）の初期の作品「世間妾形気」（せけんてかけかたぎ）の一文「恋の道の発明は女こそさかしきに、何としたものであろう」から引用されたものです。

「さかしい」とは「賢い」という意味。恋愛に関しては、男性に比べて女性のほうが数段賢い策略の知恵がはたらくということです。

誰かに恋をすると、女性は大胆になり、パワフルになります。おしゃれをしたり、急に料理をするようになったり、彼の趣味をより深く知ろうとしたりします。どうしたら振り向いてもらえるのか…と、あらん限りの策略で近づく方法を考えるのです。

女性にとって恋愛とは、生活の全精力を傾けて立ち向かう大きな出来事なのかもしれません。

子にする事を親にせよ

こにすることをおやにせよ

わが子に対して深い愛情を持つように、親にも尽くせというもの。

人間は順おくりに子供を可愛がって面倒をみますが、年をとっていく親のほうは粗末にしがちなもの。ですから子供と同じように親にも尽くしなさいという戒めです。

結婚したてのころは、双方の親に気をつかっているのですが、子供が生まれると、育児に夢中で親のことはほったらかしになってしまうものです。「孝は妻子に衰ろう」ということわざでは、妻子を持つと、夫は自分の家庭の情愛や責任に追われて親への孝行は後回しになると言っています。

また「孝は百行の本」ということわざでは、親への孝行は、すべての善行や徳行のもととなるもので、人間の徳というものは孝行から生まれてくるものだと説いています。独身者の中には、都会の一人暮らしをしているうちに、故郷の親の存在を忘れてしまっている人もいるようです。

親の深い愛情のもとに育てられた子供は、大人になったら、受けた愛情以上の愛を親に捧げなくてはなりません。親が亡くなってからでは、孝行は出来ません。「孝行のしたい時分に親はなし」です。

子は産むも心は生まぬ

こはうむもこころはうまぬ

子の体は親が産むものだが、心までは生まない。

血の繋がった子供でも、心が親に似ないことがある。「体は産むが、心までは生まないのだから、それはやむを得ないことである」という意味です。親子の顔や姿は似ていても、性質はまったく違う場合があるということです。

つき合って間もない頃、彼の実家に遊びに行き、穏やかで優しいご両親を見て、「このご両親なら、彼もきっと同じように優しい人に違いない」と思っていたら、実は、親とは似ても似つかない乱暴な性格だったということもあります。顔や体つきが似ているからといって、中身まで似ているとは限らないのです。

一方、「この父あって、この子あり」ということわざもあります。この場合は、立派な父親が子供を立派に育て、素晴らしい人格者を作り上げたというものです。

逆の意味で使われるのが、「この母あって、この子あり」。だらしのない母親に育てられ、とんでもない性格になった子供をさしています。

酒は古酒　女は年増

さけはこしゅ　おんなはとしま

酒は新酒より去年作った濃い酒がよく、女も人生経験のあるほうが良い。

酒は水っぽい新酒よりも、コクのある酒が、味わい深くて良いように、女性も世間を知らない若い娘より、人生の機微を知る年齢になった女性のほうが、情も深く良いというものです。

最近は女性より男性の精神年齢が低下しているとも言われています。中には、中学生から頭の中が成長していないのかしらと思ってしまうような人もいるようです。そうした中で「どうせ子供のような人なら、年下で若くてかっこいい男性にしよう！」と、かなりの年齢差で結婚する人もいます。女性の寿命は男性より十歳ぐらい長いのですから、これも良いのかもしれません。

いろいろな経験をして年齢を重ねた女性は、知識もあり話題も豊富です。年下男にとっては、甘えることができて心地良いのでしょう。

去り跡へ行くとも死に跡に行くな

さりあとへゆくともしにあとにゆくな

妻と離婚した男へ嫁ぐのは良いが、妻と死別した男とは結婚するな。

妻と死に別れた男性は、心の中に亡くなった奥さんの思い出が残っていて、後妻に入っても絶えず比較されるので、嫁にいかないほうが良いという意味です。

いつも喧嘩ばかりしていた夫婦でも、妻が亡くなると、生前の美点や思い出が心に残り、それがいつの間にか美化されていきます。「あんなやつでも良いところはあった」と言っていたものが、何年か経つと「あいつは他にはいない素晴らしい女房だった」に変わっていきます。

人間は不思議なもので、時を経ると、嫌な事やつらかった事は忘れ、良い思い出ばかりが残るものです。それが亡くなった人であればなおさらです。亡き妻の思い出は、通常より過剰に美化されていきますから、後妻に入った現実の女性は、比べられて嫌な思いをすることになります。無論、思い出は思い出として引き出しにしまい、きちんと整理して考えてくれる男性なら問題はないのですが、心の中はなかなかそうはいかないようです。

親しき仲に垣をせよ

したしきなかにかきをせよ

親しすぎると遠慮がなくなって、不和を招くことを言う。

どんなに親しくなっても、一定の礼節を欠くと争いが生じやすくなるという戒めです。友人間はもちろんのこと、恋人同士や夫婦でもけじめが必要です。それを守っていれば、その仲は長く続くものです。

とりわけ、言葉遣いには気をつけなければなりません。夫婦喧嘩の原因のほとんどが、日常生活での口のきき方から始まると言います。悪気なく言ったことばに相手が怒り出すのは、口のきき方が下手だからです。

「食事何にする？　面倒だから簡単なものでいい？」という奥さんの心ない言葉から喧嘩が始まりました。「簡単なものでいい？」だけならまだしも、「面倒だから」は余計でした。「俺の食事作りはそんなに面倒くさいのか。ふだんからろくな物を作らないくせに」と言い争いが始まります。

人間は親しくなると無遠慮になります。「親しき仲にも礼儀あり」という類句もあるように、どんな仲であっても礼儀は心がけたいものです。

七去《しちきょ》

妻を離縁する場合の七つの条件を言う。

封建時代から伝わる妻の離縁の理由に関することわざです。
①父母に従順でない場合。②子がない場合。③浮気をした場合。④嫉妬深い場合。⑤悪性の病気がある場合。⑥多言である場合。⑦盗癖がある場合。ただし、三不法といって、「帰るところのない場合」、「父母の喪に服している場合」、「初め貧乏で後に裕福になった場合」は、離別してはならないとされています。

三不法の中の、「初め貧乏で後に裕福になった場合は、離別してはならない」とあるのは、貧困から金持ちになったのは、夫の力だけでなく、妻の協力があったからこそであり、たとえ妻側に何か問題が生じても、許してやりなさいということです。

②と⑤の子がない場合、悪性の病気がある場合というのは、当時は世襲制度でしたから、子供が生まれないと家が断絶してしまうという理由からなのでしょう。⑥の多言というのは、おしゃべりが過ぎることを言っています。

姑の十七見た者がない

しゅうとめのじゅうしちみたものがない

姑は、私の若いときはこうだったと小言を言うが、誰も姑の十七歳を見ていない。

姑は二言目には、自分の若い頃を引き合いに出して嫁に小言を言うが、誰も十七歳の姑を見ていないのだから当てにはならないということです。

これは姑に限ったことではありません。男女とも年をとると、「昔はこうだった、だから今の若者は駄目だ」と言いたがります。言われた若者は不愉快な顔をしますが、その若者も年をとると同じ事を言うのです。

「親の十七、子は知らぬ」ということわざもあります。「お母さんがお前ぐらいの時は、もっと勉強していたわ」「お父さんの高校生の時は、クラスで一番の成績だった」などと、子供に説教しながら言うセリフです。このように、どこの親でも体裁の良いことばかりを言うのですが、実際のところは不明です。

この二つのことわざには、ともに十七歳が出てきます。なぜでしょう?　それは十七という年頃が、人間として一番輝き始める年齢だからなのです。身体的にも精神的にも、子供から大人になっていく過程にある年齢。夢も希望もあり、何よりも輝いていた時代が一番記憶に残るということなのでしょう。

将を射んとせば馬を射よ

しょうをいんとせばうまをいよ

目指すものを手に入れるためには、まず目標の周囲にあるものを手中にする。

「敵の将軍を射とめて討ち取ろうとするなら、まず乗っている馬を射止めて、落馬させてから将軍を射よ」というのが本来の意味です。

このことわざは、あらゆる場面で使われます。会社の社長に気に入られようとして、社長夫人に好物を贈ったり、その子供の宿題まで面倒を見たりするサラリーマンがいます。目標の周りから攻め落とすのが成功の道ということでしょうか。

好きな男性と結婚したいけれど、なかなかうまくいかないので、彼の両親に近づき、親孝行の良い娘であることをアピールして、ゴールインしたという話も聞きます。でもこうしたことは、自分に自信がないから周囲を利用するわけで、何だか良い印象が持てません。

このことわざの本来の意味にしても、敵の将軍が強いので馬を倒してから、その隙にやっつけるのが良いというのですから、考えようによっては、卑怯な手段と言えるかもしれません。やはり、戦いも結婚も、正攻法で勝ち取ってこそ、本当の勝利と言えるのではないでしょうか。

知らぬが仏見ぬが秘事《しらぬがほとけみぬがひじ》

知らなければ何事もなく済んだものの、真実を知ったばかりに悩みが生じる。

知らないほうが良かったものを、知ったばかりに腹が立ち、怒りを覚えることはよくあることだということです。

これは男女の仲でも言えることです。人は相手を好きになると、その人のすべてを知りたくなります。前の彼女はどんな人だったのだろうか、なぜ別れたのだろうかといろいろ詮索したくなります。

「私、あなたを愛しているから何を聞いても平気、だから教えて」。ところが聞いてしまうと、会ったこともない前の彼女に嫉妬してしまう。「私と前の彼女とどっちがきれい？」「その人と私、どこが違う？」とさらに聞きたくなってくるものなのです。

逆に男性のほうから聞いてくる場合もあります。「きみの前の彼ってどうだった？」男性が「どうだった？」と聞く本心は、決まってセックスへのこだわりです。こんな質問には、何でも「あなたが一番」と答えたほうが無難です。

ただ、男女の仲に限っていえば、それぞれの過去については、聞くべきではないし、答えるべきではありません。知らずにいればお互いに心穏やかでいられるからです。

好いた同士は泣いても連れる

すいたどうしはないてもつれる

愛し合って夫婦になった男女は、苦しいことがあっても添い遂げる。

愛し合って夫婦になった二人は、どんなに悲しいことや辛いこと、苦しいことがあっても添い通すものであるということです。昔の人は辛抱強く立派でした。

現代ではどうでしょう。「金の切れ目が縁の切れ目」で、夫の稼ぎが悪くなると、いざこざが絶えなくなり喧嘩ばかりしてしまいます。たしかに人間はお金がなくなると気持ちが沈み、利口な人でも愚かになるものです。でも貧乏だからという理由で夫婦仲が悪くなるような夫婦は、はじめからそういう要素を持っていた二人なのでしょう。

結婚する女性には、二通りのタイプがあると言います。一つは「愛人気質」、もう一つは「賢妻気質」。愛人気質は相手がお金持ちだから結婚したというタイプです。こういう人は、お金がある時は機嫌良く、何でも言うことを聞いて素直ですが、いざ貧乏になると不機嫌になります。

一方、困ったとき、苦しいときこそ「内助の功」を発揮して明るく夫を励まし続けるのが「賢妻気質」です。

あなたはどちらのタイプですか？

好き添い《すきぞい》は離れやすい《はなれやすい》

正式な結婚をせずに一緒になったものは、別れることが多い。

このことわざは、「正式な婚姻をしていないものは、社会的責任感に乏しく、何の制約もなく自由に男女が結びついたことで、お互いにあきてしまうと気軽に別れてしまうもの」と言っています。たしかに、長い同棲生活の末、別れてしまうカップルも少なくないようです。

同棲は、とくに女性の方が損をする場合が多いようです。自由に一緒に生活しているとはいえ、彼のために料理、掃除、洗濯をすることもあるでしょう。すると自然と世帯臭さが身についてしまいます。そうしているうちに男性は、身の回りの世話をしてくれる人のいる居心地の良い環境にあぐらをかいてしまい、なかなか結婚にふみきらなくなるのです。それどころか、世帯臭さのない、別の女性に惹かれたりするのです。

どうしても一緒に居たいのなら、週末、お互いの部屋で過ごす程度にしておいた方が良いかも知れません。その方が新鮮で、それこそ結婚に結びつく可能性があります。

千里も一里《せんりもいちり》

恋しい人のもとに行くときは、どんなに遠くても苦にならない。

このことわざは、「惚れて通えば千里も一里、逢わず戻ればまた千里」という俗曲から生まれたものです。

「遠距離恋愛」ということばがあります。新幹線のスピードアップや飛行機の便数が多くなり、遠い場所に住む恋人のところへも、その気になれば通える時代です。

しかし、このことわざが生まれたのは江戸時代ですから、昔から恋するパワーはすごいものだといえます。逢いたい一心で出かける時は、長い道のりでも苦にならないのは、昔も今も同じということでしょう。でも、すれ違いなどで逢えなかった後の帰り道は、足取りも重く、長く感じるものです。

恋愛は、逢っている時よりも、逢おうとしている時の気持ちの方が、数倍楽しいといえます。逢ったらまずこんなことを話そうとか、どう過ごそうとか、あれこれ考えます。服装やお化粧にも気をつかいます。男性もきれいにひげを剃り、最新の服装で出かけます。相手に良いところを見せようと準備する気持ちが心をはやらせ、時間を感じさせないのです。

糟糠の妻堂より下さず

そうこうのつまどうよりくださず

苦労を共にしてきた妻は、自分が出世したからといって家から出すわけにはいかない。

「糟」はかす、「糠」はぬか。粗末な食べ物を食べてきた妻を、金持ちになったからといって見捨てはしないという意味です。

中国・後漢の宋弘が出世したとき、「お前も偉くなったのだから、妻をかえて、私の姉を嫁にしてはどうか」と光武帝に言われました。これに対して宋弘は、「貧しかった頃を忘れてはなりません。共に苦労してきた妻をこの家から出すわけにはいきません」と断ったという故事から言われたことわざです。「堂」とは、「大きな建物、部屋」のことです。

世の中には、金持ちになると浮気をしたり、愛人を作ったりする男性がいますが、この宋弘を見習って欲しいものです。宋弘の妻は、献身的に夫に尽くし、貧しくても不平不満を言わない妻だったからこそ、夫の宋弘は出世したのでしょう。

生活の不平不満は、誰もが口に出したがるものです。でも言ったからといって、どうにもならない場合は、言うべきではありません。家族全員で苦境を乗り切り、明るい家庭を築きあげてこそ、より強い家族の絆が生まれるのです。

その国に入ればその俗に従う

そのくににいればそのぞくにしたがう

新しい土地に入ったら、その習慣やしきたりに従うものである。

地方によっては特有のしきたりがあるので、それに従った方が良いということです。従うことによって、早く親しみを持たれて万事がうまくいくというものです。

同じ意味で「郷に入っては郷に従え」ということわざもあります。嫁にいって姑さんとうまく折り合いがつけば、何の問題もないのですが、その家の習慣に早く慣れないと、小さな事で思わぬいさかいに発展する場合があります。新婚のうちは、周囲も気をつかうのですが、三ヶ月も経つと遠慮がなくなり、ビシビシと小言を言い始めます。よく問題になるのが、料理です。味噌汁の味の濃い薄いから、盛り付けまでいろいろ言われますが、育った環境が違うのですから、そう簡単にその家の味や盛り付けにはなりません。

でも、よく考えてください。たかだか料理の味や盛り付けなのです。あまり神経質にならずに、「こういう味もいいわね、こんな盛り付け方もあるのね」と軽く受けとめることです。舅、姑もやがて年を取ります。体が弱ってくれば、今度はあなたに従うしかないのです。

添わぬうちが花《そわぬうちがはな》

結婚すると恋愛中のような楽しさはなくなる。

結婚して家庭を持てば、お互いに欠点が目についたり、わがままが出たりするもので、恋愛中のような楽しみ方は出来ないというものです。

理屈ではわかっていても、なかなか理解できない女性がいます。「結婚前はいろいろなところに連れて行ってくれたのに」とか「前はもっと優しかったわ」「プレゼントもしてくれなくなった」といったように不満をもらすのです。男にもこのようなタイプがいて、恋愛中は冗談も言い、明るかったのですが、結婚したとたん、性格が変わったように仏頂面をしています。

つまり、こうしたタイプの男女は、その場限りの快楽主義で、現実逃避型の傾向がある人間なのです。楽しいことにはいくらでも努力するのですが、社会的な責任を持たなければならない出来事に遭遇すると、そこから逃げようとするのです。

恋愛はもちろん楽しいものですが、この楽しさが減ったあとからが、本当の結婚生活です。それでも結婚生活をできる人かどうか…おつき合いをしている過程で、しっかりと見極めなければなりません。

高根の花を羨むより足元の豆を拾え

たかねのはなをうらやむより
あしもとのまめをひろえ

手の届かないものを望むより、身近にあるものを着実に得よ。

高望みをしたり夢を追うより、実質を取りなさいという意味です。高根の花とは、見るだけで手折ることのできない花を言い、望むばかりで手に取ることができないもののたとえです。「あのバッグ素敵。でも高根の花ね」「あの人が恋人だったらいいのになぁ。でも高根の花だな」という具合につかいます。

とくに女性が結婚相手に対して、高望みをするのは当然の心理です。仲の良い友人が、かっこいいお金持ちと結婚すれば、羨ましくてため息をつくことでしょう。でも一般的には、そんな結婚はごく少ないものです。

高望みばかりして、自分の周囲を見ることができなくなり、いつまでたっても結婚できない人もいます。自分のすぐ近くに素敵な男性がいることに気がつかないのです。あなたにはあなたにふさわしい職業や服装があるように、結婚相手も意外とすぐ身近に、ふさわしい人がいるものです。

誰に見しょとて紅鉄漿つける《だれにみしょとてべにかねつける》

女は自分を愛してくれる男のために化粧をして、美しく着飾る。

「誰に見しょとて紅鉄漿つける、みんなぬしへの心中立て」という俗曲から生まれたことわざです。「紅鉄漿」は、口紅とお歯黒のことです。お歯黒は文字通り歯を黒く染めることです。

室町時代には女子は九歳になると、成年の印として歯を黒く染め、また江戸時代には結婚した女性がすべて行ったと言います。歯を黒く染めることで、人妻であることを示したのです。「私は人の女房です」と知らしめることで、夫への忠誠心を誓ったのでしょう。

もちろん現代でもこのことわざのように、夫のためにいつもきれいにお化粧をしているという女性も大勢います。その逆に、顔も洗わず歯も磨かず、パシャマ姿とボサボサの頭で夫を送り出す妻もいます。朝から夫のために化粧なんかしていられないといったところでしょうか。

でも、年中パンツ姿で家の中をうろうろする夫もいるようですから、どっちもどっちかもしれません。

父の恩は山よりも高く母の恩は海よりも深し

ちちのおんはやまよりもたかく
ははのおんはうみよりもふかし

両親の恩の、広大であることのたとえ。

父母から受けた愛情のありがたさや恩を、大きくて高い山と、広くて深い海にたとえたことわざです。このことわざは、親に感謝しないものは、やがて自分たちが親になったとき、子供に粗末にされるという戒めを表しています。

この頃は学校の授業で「道徳」を教えることがなくなり、親孝行の観念が薄らいできているようです。子供は、自分が一人前に成長するまでの間、親がどんな苦労をしてきたかを知っておくべきでしょう。子供を健康に育てることは大変で、熱が出たりお腹をこわしたり、怪我をしたりすることはしょっちゅうです。その度に親は心配して薬だ病院だと飛び回ります。でも若い人の中には、それは親なのだから当たり前だと言う人がいます。

ときにはあなたの幼い頃のアルバムを出して、ご両親と一緒に写真を見ながら、子育ての思い出話を聞いてみましょう。大人になったあなたの胸に、今まで気がつかなかった何かを発見できるかもしれません。

妻の言うには向山も動く

つまのいうには
むこうやまもうごく

妻の意見の強さは、動くはずのない向かいの山まで動くほどに感ぜられる。

妻の意見が、夫や家庭に大きな力を持っていることのたとえです。会社のワンマン社長が、妻の意見に簡単に動かされてしまうことがあります。これが家庭内だけの話なら良いのですが、会社のことになると困りものです。

知人に、人事異動まで妻の言いなりになっている社長がいました。「営業部長の山田、最近業績が悪くてね」「あの人感じが悪いから私、嫌いよ。どこかに飛ばしちゃいなさいよ」この妻の一言で、実際に地方に飛ばしてしまったのです。

女房の尻に敷かれていると言えばそれまでですが、広い世の中には案外こういう男がいるものです。夫を助ける妻は立派ですが、余計な口出しをした結果、間違った方向に導いてしまってはいけません。

女房は、「利口ばか」と「ばか利口」の二つのタイプに分かれます。「利口ばか」は、何も知らないくせに利口ぶるタイプです。「ばか利口」は、のんびりしているのですが、内実はしっかりと周囲を見ていて、決して知ったかぶりをしないタイプです。できるだけ、「ばか利口」を心がけたいものです。

貞女は両夫に見えず《ていじょはりょうふにまみえず》

貞淑な女性は生涯一人だけしか夫を持たない。

操を固く守る貞節な女性は、夫に死別しても二人目の夫を持たないというものです。平家物語の「忠臣は二君に仕えず、貞女は二夫にまみえず」から伝わったものと思われます。武士と女の義理は一つということでしょう。

しかし、「貞女立てたし間男したし」ということわざもあります。夫が亡くなって体が火照り、欲望の満足もしたいけれど、そのために道を踏み誤るのも困るということです。「間男」とは、人妻と密通する男のことです。

また「貞女を破って貞女を立つ」ということわざがあります。意味は、体は次の夫にあげるけれど、心は亡き夫を裏切らない、ということです。ですから実際には、操を守ると言いながら、再婚をしていたことがうかがえます。昔も今も、男と女のことになると変わらないものです。

現代では夫が亡くなったあとに再婚するのは、ごく自然なことですが、まだ元気な時に、不貞を働いて、「私の心の操はあなたのものよ。でも体だけ、違う男に預けたの」と言っても、世間には通じません。

東家に食し《とうかにしょくし》西家に宿す《せいかにしゅくす》

欲深なものが、少しでも多くの利益を欲しがるたとえ。

二つの良いことを、両方得ようとすることを言っています。昔、中国・斉の国の美女に、東西二つの家から縁談がありました。東の家は大金持ちですが器量の悪い男、西の家は貧しいけれども美男でした。家の者が「どちらに嫁ぎたいのか」と尋ねると、美女は、「食事は東の家でとり、夜は西の家で泊まりたい」と言ったそうです。色と欲の二つを欲しがる虫の良い考え方を戒めることわざです。

女子中学生十人にこの話を聞かせ、「二つのうちのどちらを選ぶ？」と質問してみました。八人が西家の美男子、二人が東家と答えました。同じ質問を三十代の女性十人にぶつけてみました。すると全員が東家と答えたのです。年齢とともに実利を取る考え方に変わっていくのでしょうか。

しかしこのことわざには、東西両家の男の性格は表されていません。結婚の大切な基本は、なんといっても相手の性格です。そこをおざなりにして結婚すると、失敗することになります。

年寄りは家の宝《としよりはいえのたから》

年寄りが家にいると、その家全体のために良い。

戦後の日本は、都市集中による人口流動で、父祖の地を離れる人が増加しました。その結果、一組の夫婦とその子供だけが集まって構成される「核家族」になり、祖父母と一緒に生活する家族が減少してしまったのです。

このことわざは、家族に経験豊富なお年寄りがいると、何でも良く知っているので万事に危なげがないということです。

お年寄りの話は、勉強になることが多々あります。あなたも、できるだけたくさんのお年寄りと接する機会を持ってはいかがでしょう。お年寄りは話すテンポが遅いのですが、イライラせずにゆっくりといろいろな話を聞いてみましょう。きっとあなたが育った時代とは違う社会が見えてきます。

それは心の中に残る大切な宝物です。あなたがその宝物を持っているかいないかで、幸せの度合いが違ってくるような気がします。

仲のよいで喧嘩する

なかのよいでけんかする

仲の良い同士は、むつまじ過ぎて、時々喧嘩をする。

「濃い仲の夫婦いさかい」とも言い、仲が良いと遠慮がなくなり、小さな喧嘩をするというものです。小犬同士がじゃれあったり、噛み付いたりするように、争うことも愛情の一つの形なのでしょう。夫婦に限らず、恋人同士でも兄弟姉妹でもよく喧嘩するものです。けれども、いつのまにか仲直りをしているのです。

昔から夫婦喧嘩のあとには、子供ができるという説があります。これは喧嘩した後は、性愛が高まり、ふだんより愛し合う密度が濃くなるからだと言います。喧嘩をしてそっぽを向いていた二人が、久しぶりにベッドを共にするのですから、密度が濃くなるのは当然かもしれません。夫婦にとって、たまの喧嘩は良い刺激になるということでしょう。

「夫婦喧嘩と北風は夜なぎする」ということわざもあります。北風が夜になると静まるように、夫婦喧嘩も夜になればおさまってしまうものだということです。また「夫婦喧嘩は寝て直る」とも言います。夫婦とは不思議な関係なのです。

泣く子に乳

なくこにちち

効き目がすぐに表れることのたとえ。

どんなに激しく泣いている赤ちゃんでも、母親の乳を与えれば、ぴたりと泣きやんでしまうところから、このことわざが生まれました。

喧嘩した恋人に、おいしい食事をご馳走したり、プレゼントをしたり、ご機嫌を直してもらうのも、「泣く子に乳」です。中にはわざとすねてみせ、プレゼントをちゃっかりもらう、甘え上手もいるようです。

「泣く子も目を見る」ということわざがあります。時々相手の顔色をうかがって言うことを聞いてくれそうなら、さらに泣き、手強そうなら、泣き損なのでやめてしまうというものですが、人は本能的に相手の反応を確かめる性質を持っているのでしょう。甘え上手な女性は、こうした反応を見極める力が、生来備わっているのかもしれません。

「泣く子に乳」を与え、効き目がすぐに表れるのなら良いのですが、場合によっては、逆に怒らせてしまうことも。乳を与える側にも、相手の様子を見極める力が必要なようです。

女房と畳は新しいほうがよい

にょうぼうとたたみはあたらしいほうがよい

新婚の女房と畳の新しいのは、美しくて快いものである。

新しいものはすべて気持ち良く、新鮮なものはなんでも良いということを意味しています。

確かに畳の新しいのは気持ちの良いものですが、女房に関して言えば、ただ新しければ良いというものでもないようです。長く連れ添えば連れ添うほど、お互いの気持ちが通じ合い、幸福感に深みが増してきます。

「女房と味噌は古いほど良い」とも言い、女房の存在は、もはや家庭そのものであり、生活そのものであることをたとえています。一家が繁栄するのも幸せになるのも、すべて女房次第であるということです。

しかし、男性の中にはつい、新しいほうに目がいってしまう人も多いようです。たしかに新しいものは美しいけれど、あくまでも観賞に留めておきたいものです。

最近では「男と畳は新しいほうが良い」という風潮もあり、気がつけば立場が逆転、という現象もあり得るかもしれません。

拈華微笑《ねんげみしょう》

言おうとする意味が、言葉を使うことなく相手に理解されること。

釈迦が霊鷲山で説法したとき、一言も言わずに蓮の華をひねってみせたところ、多くの人にはその意味が分からなかったのですが、ひとり摩訶迦葉（まかかしょう）が意味を理解して微笑んだので、彼に奥義を授けたという故事から生まれたことわざです。言葉がなくても心から心へ伝えれば、理解されるものだと言っています。

よく家庭内で、妻や子供に小言を言うとき、「言わなくても分かるだろう?」とか「俺の目を見れば分かるだろう?」と言う人がいますが、なかなかそうはいかないようです。ところが、何十年も連れ添っている夫婦の中には、夫が何を言いたいのか分かる妻もいて、夫がちらっと目を動かしただけで、お茶が欲しいか、タバコを吸いたいのかが分かると言うのです。

実際そういう夫婦にお会いしたことがあります。何も言わないのに夫の欲しがるものを持ってくるので驚いたのですが、「拈華微笑」「以心伝心」とはこういうことを言うのでしょう。

熨斗を付ける《のしをつける》

相手がそれを望むなら、喜んで進呈するというもの。

熨斗とは祝儀物に添える六角形に折った色紙のことです。

このことわざは、「古いパソコンですが、こんなものでよろしければ熨斗をつけてさしあげます」という言い方で使われます。家にあっても邪魔な物を、欲しいと望む相手にあげるときに使うことばです。これが物なら良いのですが、人間の場合になると複雑です。

ある家庭での話です。夜遊びばかりしていてどうしようもない娘を、まじめな男性がその実態を知らずに好きになり、結婚を申し込んできました。娘の両親は不良娘にお手上げ状態でしたので、これはありがたいと大喜び。「こんな娘でよろしかったら熨斗をつけて差し上げます」と言ったそうです。しかし相手の男性はその意味が分からずに結婚。男性はあとになって「熨斗をつけても」の意味を知り、もっと早く分かっていればと後悔したそうです。

親や知人から「熨斗をつけても」と言われてしまったら、見放されたのも同然。熨斗紙を貼られることのないよう、普段から気をつけましょう。

破鏡再び照らさず《はきょうふたたびてらさず》

夫婦がいったん離縁すると、再び元に返り得ないこと。

乱世の時代、徐徳言という者が出陣の際、別れる妻に鏡を二つに割ってその半分を渡しました。二人は「必ずまた会おう」と約束し、その時のしるしに、割れた鏡を互いに持っていることにしました。やがて数年後の約束の日、徐徳言は市で半分の鏡を捜し得て妻の所在を知りましたが、すでに他人の妻であったという故事です。

このことから離婚の嘆きを「破鏡の嘆き」とも言います。また類似語に「覆水盆に返らず」があります。一度盆からこぼした水は再び盆に戻らないように、いったん壊れてしまったもの、離婚した夫婦は元通りにはならないというものです。

離婚はしないほうが良いに決まっていますが、実際には年間約二十八万組の人たちが離婚をしています（厚生労働省統計）。そして、一度離婚した夫婦の復縁は、そう簡単ではありません。壊れた鏡は元に戻りません。離婚は勢いで決断せず、本当に壊していいのか、じっくりと考える必要があるでしょう。

一人子持は伯父も惚れる《ひとりこもちはおじもほれる》

子を一人産んだころには、女の魅力が出てくる。

女性は子供を一人産んだあたりから、身体と心に柔ら味が出てくるので、「女の魅力」がさらに増すということを言っています。

「伯父」は、父母の兄、または父母の姉の夫を言います。しかしこのことわざの「伯父」とは、年少者が家族以外の年配の男性を呼ぶ言葉として使われています。（ちなみに、「叔父」は、父母の弟、または父母の妹の夫をいいます）

昔のことですから「年配者」とは、すでに隠居生活に入ったお年寄りのことを言っています。つまりそうしたお年寄りでさえ、「美人になったなぁ」と惚れ込むほど魅力的になったということです。

女性は出産を経験すると、体に丸みが出てくるそうです。そのため全体の印象が優しくなるのでしょう。また江戸時代の結婚は現代よりかなり早く、第一子を出産する年齢は二十歳前だったと言われます。したがって、子供を持つころに、やっと大人の女性としての魅力を感じることができるようになり、このようなことわざが生まれたのだと考えられます。

夫婦は従兄弟ほど似る

ふうふはいとこほどにる

夫婦は長年一緒に暮らしているので、自然に性格まで似てくるものである。

もともと他人同士の二人が夫婦として暮らしているうち、性格や行動まで、まるで血縁関係にある者同士のように似かよってくるというものです。類句に「似た者夫婦」があります。面白いことに、食べ物の好き嫌いまで同じになります。また、顔つきまでよく似てくる夫婦もいるようです。

これは暮らしているうちに、相手の行動、癖、考え方が、どちらか一方に引き寄せられ、似たような性格になるためと思われます。いわゆる「擬態」です。動物が体の色、模様を他のものに似せてくる擬態化と同じです。夫婦だけでなく、尊敬する人物や憧れの人物の口調に似てしまう人もいます。意識して真似ようとしているわけではなく、その人のようになりたいと思っているうちに、自然に似てしまうものなのです。

しかし、他人が「似た者夫婦」と言うときは、たいていが陰口のようです。お互いに、いい影響を与え合った「似た者夫婦」になりたいものです。

へっついより女房

へっついよりにょうぼう

一人前の生活力もないのに、結婚を急ぐこと。

「へっつい」とは、「かまど」のことです。かまどは、土・石・コンクリートなどで築き、鍋などをかけて煮炊きするものをさしていいます。暮らしも立たないのに、女房を欲しがったり、結婚したりするのを冷やかしたことばです。

一休さんの狂歌問答の中に「仲人は昔のことよ今の世は、へっついよりも先に女房」というのがあります。「今の世は、生活準備も整っていないのに、先に女房を欲しがる男が多くなり、仲人の役目は必要がなくなってきた」と嘆いています。当時の仲人は、男女を結びつけるだけでなく、生活設計などの相談にも乗っていたのです。一休さんの時代も、その時代の現代っ子の考え方を批判していることがわかります。

仕事もままならぬ状態なのに、「女房のいる生活」がしたくて結婚する男性もいれば、「結婚式」に憧れて結婚する女性もいます。

でも、憧れだけの結婚は、長くは続きません。社会的な責任を持たなければならない結婚はもっと重厚なものです。未来を見すえ、計画をしっかり立ててから結婚しましょう。

坊主憎けりゃ袈裟まで憎い

ぼうずにくけりゃけさまでにくい

坊さんを憎むと、その人が着ている袈裟まで憎くなる。

ある人を憎らしいと思うと、その人に関係のあるものまで、すべて憎らしく思うことのたとえです。

恋人に裏切られた女性が、彼からプレゼントされた品物全部をゴミにして捨てたという話を聞いたことがあります。それだけではなく、彼が勤める会社が発売している商品まで憎らしくなり、彼が乗っている車と同じ車種を見るたび、蹴飛ばしたくなると言います。また、彼と同じような髪型の男性とすれ違っても腹が立つと言うのですから、その憎しみは相当なものです。

関係のない物や人にまで当り散らすのは良くありませんが、人間は心底憎いと思ったら、簡単には忘れられないもののようです。類句に「親が憎けりゃ子も憎い」ということわざがあります。親が嫌いだからといって、罪のない子供まで憎らしいと感じるのはあまりにも危険です。

しかしこれは、逆に愛することでも同じだと言えます。「坊主愛せば袈裟まで愛す」。人間はある人を愛したら、その人と関係のあるものすべてを好きになるものなのです。

真綿で首をしめる

まわたでくびをしめる

遠まわしに、やんわりと責めること。

ちょっと怖い表現ですが、柔らかくて強い真綿で首を締めると、じわじわとよく締まるところから、このことわざが生まれました。何か失敗をしたときは、大声で怒鳴られた方がまだ楽で、ねちねちとやられると、身震いするほど、嫌なものだというたとえです。

「二十年前のたった一度の浮気を、ことあるごとに妻から責められて、うかつにテレビを見ることもできない」と嘆くご主人がいるので、「なぜテレビなのか」と聞いたことがあります。

彼が言うには、テレビドラマで浮気の場面が出て来ると、「あら、誰かさんと同じね」とか「ふーん、こんなふうだったのね」と妻が言うのだそうです。真面目そうな夫が登場するドラマでは、「この方は、立派ね」「誰かさんと違うわね」などと責めるので、「真綿で首を締めるような言い方はやめてくれ」と懇願したそうです。二十年間もじわじわと言われているのですから、相当なねちねちぶりです。

もっとも、あっさり許されると、何か裏があるのかも知れないと、これまた恐いものです。

水を向ける《みずをむける》

相手の様子をさぐり、それとなく持ちかける、誘いかけること。

巫女が霊魂を呼び寄せするとき、神殿に手向けの水をかけたことから、このことわざが生まれました。こちらが聞きたいことを、相手に伝わるように、巧みに誘いをかけること、また関心を持つように仕向けることをたとえています。

おつき合いが始まって三年も経つのになかなか結婚を申し込んでくれない彼に、周囲が「そろそろ水を向けたら?」などと言います。しかし、この水の向け方にはテクニックが必要です。上手に水を向ける方法は、相手の心理をつかむことです。

「母がそろそろ結婚しなさいと、お見合い写真を持ってきたの」「会社の先輩から、突然デートを申し込まれたの」などと、相手の心を揺さぶる方法です。このままだと、違う人と結婚してしまうかもしれないから、早くお嫁さんにしてと、誘いをかけるのです。何となく結婚を先延ばしにしていた彼は、この心理作戦にあせります。

もっとも、いくら水を向けても、話に乗ってこない場合もあります。そのときは相手にその気がないのだと考え、さっさとお別れしたほうが無難です。

娘出世に親貧乏

むすめしゅっせにおやびんぼう

娘が良い縁組によって裕福になっても、親は婚礼の支度などで費用がかさむこと。

娘を金持ちの家に嫁がせると支度金などで費用がかかり、親は貧乏になるということわざです。

いつの時代でも、親は娘の幸せのためには、わが身が細るのもいとわずに、婚礼の支度のための費用を負担するものですが、とくに大昔は、嫁入り道具の多いのを誇示したため、婚礼は大変な費用がかかったと言われます。女の子が三人いれば財産をなくすという意味のことわざ、「娘三人持てば身代つぶす」もあります。

しかし現代では、自分の結婚費用は自分でと、せっせとお金を貯めている親孝行な女性もいますし、費用をかけないようにと、アットホームなウエディングパーティーを開いたり、二人だけの結婚式を望む女性もいます。

しかし、親にしてみれば娘の門出に何かしらの援助をしたいという人も多いでしょう。自分は貧乏になっても、晴れやかに娘を送り出してあげたいという親の気持ちには、心から感謝しなくてはいけません。

目は心の鏡《めはこころのかがみ》

目を見れば、その人の心のほどもわかるというもの。

類句に「目は心の窓」があります。顔の中で目は最も表情に富んでいます。目を見れば、その人間の正邪がわかるというものです。

赤ちゃんの瞳は、汚れを知らない本当にきれいな目をしています。心が清ければ、瞳も澄んでいるのです。ところが人間は、大人になっていく過程で、いつのまにか赤ちゃんのような純粋な目ではなくなってきます。

「彼は目がきれいな人だから好きになった」という女性がいて、そのお相手の男性に会ったところ、二重まぶたがくっきりとした「目の形」だけがきれいな男性だったという話があります。これは意味が違います。目はその人の心を映し出す鏡ですから、顔の造作ばかりを気にしているようでは、本当の幸せをつかむことが出来ません。

目の中に優しさがあるかどうかを見てください。真面目に大切に、あなたを愛してくれる人の目は、たのもしく、真の美しい輝きがあります。

嫁の朝立ち 娘の夕立ち

よめのあさだち むすめのゆうだち

嫁いだ娘が実家に帰るときは朝早くから出かけるが、嫁ぎ先に帰るときは夕方になる。

江戸時代から伝わることわざです。嫁いだ娘が、何かの用事で実家へ行くことになると、久しぶりにゆっくり骨休めしようと、朝早くから出かけていきます。ところが、婚家に帰ってくるときには、また苦しみの中へ戻るような気がして、夕方遅くになってから帰ることをたとえたものです。

嫁の立場から娘の立場に戻って、実家の父母に甘えている様子と、家族制度時代の女性の哀れさが滲んでいます。

現代では、夫が妻の実家に遊びに行き、大いに歓待されて、ご機嫌で帰っていくことが多いようです。実家のご両親は娘かわいさで、お婿さんに気を遣うのでしょう。

しかし、これは大昔では到底考えられないことでした。嫁の実家に主人が出かけて行くことなどなく、ましてご馳走になってくるなど男の恥であり、そんなことをすれば、世間の物笑いになる時代だったのです。あらためて昔のお嫁さんの苦労が分かることわざです。

悋気も少しは愛想《りんきもすこしはあいそう》

焼きもちも、あまりひどくなければ、愛情を深めるもの。

「悋気」とは、男女間の嫉妬、焼きもちを言います。類句に「悋気は女の七つ道具」があります。「焼きもち」という武器で攻められると大抵の男は参ってしまうというたとえです。

たしかに夫婦や恋人間では、適度な焼きもちはお互いの刺激になるため、少しはあったほうが良いかも知れませんが、度が過ぎてはいけません。「私以外の人とは仲良くしないで」「さっき、あの女の人を見ていたでしょ」などと、いちいち焼きもちをやかれては、うっとうしがられてしまいます。「嫉妬深い女」と思われないよう、かわいいと思われる程度の焼きもちにとどめておきたいものです。

このように以前は、「焼きもちは女性の特権」のように言われていましたが、この頃では男性の焼きもちも増えているようです。「彼女にミニスカートをはかせない」「奥さんの外出にいい顔をしない」など、度が過ぎる場合も少なくないようです。

これは愛情を深める「かわいい焼きもち」とは言えません。男女ともに、焼きもちの焼き具合には、くれぐれも気をつけたいものです。

三章

お金・仕事にまつわることわざ

愛想づかしは金から起きる《あいそづかしはかねからおきる》

女性が男性につれなくなるのは、金銭上の問題からだということ。

女性が男性に対する愛情が冷めたり、別れを迫ったりするのは、お金が主な原因であるというものです。「金の切れ目が縁の切れ目」で、男性にお金がなくなると、女性はさっさと見切りをつけて、別れてしまう場合が多いということです。

たしかに、お金は大事です。でもそれがすべてとなると、空しい思いがします。「金があれば、愛も買える」と言った人がいましたが、金で買える愛は本物の愛ではありません。もともと金で買われた愛ですから、金がなくなれば消滅するのは、自然の成り行きでしょう。

また、「愛する人に物を貸すな」ということわざもあります。どんなに愛している人でも、物やお金を貸したり借りたりすると不仲になると言っています。男女の仲でも金銭に絡む貸し借りは禁物ということでしょう。

逢えば五厘の損がゆく《あえばごりんのそんがゆく》

人と人が交際すれば、何かと出費があって損をするものだ。

厘は貨幣の単位で、一厘は一円の千分の一、一銭の十分の一です。五厘は一銭の半分ですから、ごくわずかなお金のことをさしています。

江戸の昔とはいえ、五厘では、ほとんど何も買えなかっただろうと考えられます。今でいえば、お茶代くらいでしょうか。現代の世でも、人と会えば立ち話では落ち着かないと、喫茶店くらいには入ってしまいます。ちょっとお酒でも…となれば、すぐ五、六千円は、財布から出ていってしまいます。そこで、なるべく交際費は控えるようにするのですが、現実はなかなかそうはいきません。

もちろん状況をわきまえて、出すべきものは出さなければなりませんし、義理人情を欠いてまで出費を防ぐのは行きすぎです。とはいえ人に会えば、わずかなお金であっても財布から出ていくのですから、無駄なつき合いは避けるべきだと諭しています。

商いは三年《あきないはさんねん》

商売は開業してから、三年経たねば利益を上げるまで至らない。

仕事というものは、何ごとも三年やらなければ、一人前の基礎はできないし、覚えることもできないというたとえです。「石の上にも三年」。冷たい石でも三年座り続ければ温かくなる…ということわざもあるように、がまん強く辛抱すれば、いつかは必ず成しとげられるというたとえです。

どちらも三年が一区切りになっているのは、仕事を覚える期間として最も適しているからなのでしょう。三年経って初めて、その仕事の面白さがわかると言います。

最近は、定年まで生涯一つの会社に勤めるという時代ではなくなりました。若い人の中には、一年も満たないうちに転職をする人が増えてきました。しかしながら、一年未満の転職を何度も繰り返していると、自分の適職は何であるのかわからなくなってしまいます。せめて三年間はじっくり見定めたほうが良いようです。

悪銭身に付かず

あくせんみにつかず

不法な手段で得た金はつまらないことに使ってしまう。

類句に、「あぶく銭は身につかぬ」があります。ギャンブルなど、正当でない方法で得た金は、どうせ「あぶく銭」だからと浪費して、結局はなくなってしまうというたとえです。あぶく銭のあぶくは、「泡」です。すぐ消えてしまうことの意味です。

苦労して得たお金や、こつこつと貯めたお金は大事にするものですが、競輪競馬やパチンコで得たお金は、あっという間に使ってしまうものです。会社のお金を使い込み、派手な生活をしているうちに、不正経理がばれて逮捕されるという事件が度々起こりますが、結局こうした悪銭は身に付かない結果になっています。

たった一度しかない、大切な自分の人生です。それを汚してまで、お金を得たいでしょうか。真っ当に生きていれば、幸福は必ず向こうからやってくるものです。何事も「真面目に、こつこつ」が一番なのです。

一日作さざれば一日食らわず

いちじつなさざればいちじつくらわず

一日働かずにすごした日は、一日中食事をとらない。

中国・唐の高僧、百丈山の禅師が、あまりにも骨身を惜しまず働くので、弟子が休ませてやろうとして、仕事の道具を隠したところ、禅師は食事もとらずに三日も道具を探し続けました。弟子たちが高僧に、「なぜ食事を召し上がらないのですか?」と尋ねたところ、答えた言葉が「一日作さざれば一日食らわず」だったそうです。禅師は、道具を探していた三日の間、食事をいただけるだけの務め(修業)をしなかったと「自ら」を律したのです。

一方、「働かざる者食うべからず」ということわざがありますが、こちらは、働こうとしない怠惰な人間に対して、食べるためには真面目に働かなくてはならない、働かない人間は食事をとる資格がないと戒めることわざです。

「道具をなくし、三日間働かなかったから」と自らを厳しく律して食事をとらなかった高僧からは、多くの学ぶべきことがありそうです。

一文惜しみの百知らず

いちもんおしみのひゃくしらず

わずかなお金を惜しんだために、あとで大損をすること。

類句に「一文惜しみの百笑い」「安物買いの銭失い」「一文拾いの百落し」があります。目先のわずかな損得にこだわり、全体としての利益を考えない愚か者をたとえています。

これは日常生活の中でもよくあることです。少しの金額を惜しんで安い服を買ったところ、二、三度着たら形が崩れてしまった…ということがあるものです。もちろん安くても良いものはたくさんありますが、値段の安さに引かれて買い物をすると結局損をしてしまうことも多いようです。しっかりと見極めることが必要かも知れません。

商売の場合では、ほんの少しのサービスをしなかったために、大事なお客様を他の店にとられてしまったということもあります。

「一も取らず二も取らず」ということわざでは、二つのものを両方取ろうとして、結局どちらも取れなくて損をしてしまうことをたとえています。いずれも、目先のことばかりを考えて行動すると損をするという戒めです。

犬も朋輩《いぬもほうばい》　鷹も朋輩《たかもほうばい》

同じ職場で仕事をしていれば、たとえ役割や地位が違っても同僚である。

昔、大名が鷹狩（飼いならした鷹、はやぶさなどを放って鳥を捕らえること）をするときには、犬と鷹がお供をしていました。役目や地位はそれぞれ違っていても、犬と鷹は同じ殿様に仕える身であり、同じ仕事をする仲間であることに変わりはないのだと言っています。

このことから同じ会社に勤め、同じ目的のために行動する者は、上下のへだたりなく、互いに仲良くやっていかなければならないという戒めです。

課長、部長などと、肩書きに「長」がつくと急に偉そうな態度をとる人がいます。勤め人にとって出世をすることはうれしいものです。しかし、自分が出世した途端、それまで仲良く仕事をしていた仲間を見下すようなことは慎むべきでしょう。

江戸っ子は宵越しの銭は使わぬ

えどっこはよいごしのぜにはつかわぬ

江戸っ子の気前の良さ、金離れの良さを言うことば。

今日稼いだ金は、今日中に使い果たし、その夜は一銭も手元に残さないのを良しとしたのが、江戸っ子気質だと言われていました。なにやら、江戸っ子は景気が良くてかっこいい感じがします。でもこれは、吉原など水商売の世界で、職人などをおだてて、金を使わせた商魂から出たものだと考えられます。「吉原」は江戸の遊郭のことです。きれいなお姐さんたちの誘惑に負けて、前後の考えもなく金を気前良く使ってしまったのでしょう。類句に「江戸っ子の　往き大名　還り乞食」というのもあります。江戸っ子の気性を表したことばで、派手に金を使い、いい気分でぜいたくをするので、帰りには一文なしの惨めな姿になることを戒めています。

　現代でも酒が入ると気前が良くなり、友人にご馳走を振舞い、あとで奥さんにきついお目玉をくらう人がいます。「江戸っ子でえ」などと調子をあげながら飲む人には、一文無しにならないうちに忠告をしてあげましょう。

大風が吹けば桶屋が儲かる《おおかぜがふけばおけやがもうかる》

思いがけないところに影響が及ぶこと。


「風が吹けば桶屋が儲かる」とも言います。このことわざは江戸時代の笑い話から生まれました。

「大風が吹くと砂ぼこりのために、目を病んで目の不自由な人が増えてくる。目の不自由な人の多くは三味線で生活をするので、三味線に使う猫の皮の需要が多くなり、猫が少なくなる。猫がいなくなるとネズミが増えてくる。ネズミは桶をかじるので、桶が良く売れて、桶屋が繁盛する」という話から伝えられたものです。

ものごとが、めぐりめぐって意外なところに影響をもたらし、思いがけない結果になることをたとえています。また、あてにならないことを期待するたとえにもなっています。

人気のないお店に、ある日突然お客さんが集まるようになり、お店側はその理由がわからないというようなことがあります。これも「大風が吹けば桶屋が儲かる」なのかもしれません。人気になった謎をたどっていけば、思いもよらない意外なところからの影響だったとわかるものです。

大遣いより小遣い《おおづかいよりこづかい》

一度のまとまったお金の支出より、日常のこまごました出費の方が大きい。

小額のお金をおろそかにすると、知らぬ間に大きな支出になるというたとえです。

ポケットやお財布にお札でなく、硬貨を入れておくとあっという間になくなってしまうものです。

百二十円の缶コーヒーを、朝晩、一缶ずつ買ったら一ヶ月で七千二百円。毎日、三百円のタバコを一箱ずつ買ったら九千円。毎日、百三十円のスポーツ新聞を買ったら三千九百円。毎週、三百二十円の週刊誌を買ったら一千二百八十円。もうこれだけで、月に、二万一千三百八十円にもなります。二万円前後する品物を買う時には、あれこれ考えて慎重になる人も、毎日の小銭には、案外無頓着なものです。

パチンコやゲームセンターなどで使うお金も同じことが言えます。千円札や一万円札をくずして小銭にすると、その価値の重みが薄らいでしまうのかもしれません。

思い立つ日が吉日《おもいたつひがきちにち》

何かしようと思ったら、すぐに取りかかったほうが良い。

「思い立ったが吉日」（おもいたったがきちじつ）とも言います。昔は何か始めようとする時は、必ず良い日を選んで行動したものです。今でも婚礼は大安吉日、葬儀は仏滅とされています。もちろん迷信なのですが、若い人でも「暦」を気にする人が多いものです。

このことわざは、思い立った日を吉日と考え、邪魔が入ったり気が変わったりしないうちに、一気に事を進めなさいというものです。転職や引越し、また大きな商談の契約となれば、やはり「吉日」を待ってから行う人が多いようです。しかし、次の吉日を待っているうちにタイミングをはずして、結局うまくいかなかったということもあります。

類句に「好機逸すべからず」「善は急げ」ということわざがあります。意味は同じです。せっかくのチャンスを逃してしまうことのないよう、迷信はほどほどに考えたほうが良いようです。

駕籠舁き駕籠に乗らず

かごかきかごにのらず

人のために用いるばかりで、自分のことには使わないこと。

「駕籠」は箱形のものに人を乗せ、前後から二人でかついで運ぶ乗り物です。「駕籠舁」は、いつも人を乗せて走りながら、自分は一度も乗ったことがなく、他人のために走るばかりです。そのことから、自分のことはついおろそかになるというたとえになりました。

類句に「髪結いの乱れ髪」「髪結い髪結わず」があります。また「医者の不養生」ということわざでは、患者に養生を説く医者が、自分は何もしていないことを言っています。

仕事に夢中になれば、自分のことは二の次になるものです。相手のことを第一に考え、自分の得を後まわしにしても一生懸命仕事をする姿は、本当に美しいものです。とはいえ、あまりに自分のことがおろそかになりすぎるのも考えものです。

金《かね》が金《かね》を儲《もう》ける

金儲けは元手が利益を生み、それがまた元手となり、どんどん利益を生む。

類句に「金が子を生む」「金が金を呼ぶ」があります。資本が利益を稼ぎ、元金が利子を生み、次第にお金が増えていくことを言っています。商売がうまくいくと、いつの間にか利益が上がり預貯金も増えていくものです。しかし、そうした儲けの陰には並々ならぬ努力があったに違いありません。

「金」がつくことわざはたくさんあります。「金持ち、金使わず」では、金持ちになればなるほど欲が深くなって、かえってケチになることをたとえています。また、「金で面を張る」「金が物言う」「金さえあれば飛ぶ鳥も落ちる」「金の光は七光」ということわざでは、世の中の大方の事は、金で万事解決するものだと言っています。たしかにそういう面はありますが、金さえあれば良しという「拝金主義」はいただけません。

「金は天下の回り物」「金は湧き物」です。欲にとらわれずに努力をしていれば、お金は人の手から人の手へとめぐり、いつかは自分の所にも回ってくるはずです。

感心上手の行い下手《かんしんじょうずのおこないべた》

他人の言うことや行動に感心するばかりで、自分はやらないこと。

職場で先輩の仕事ぶりを見ながら、しきりに感心をする人がいます。「やっぱり先輩はすごいです。こんな難しいことを簡単にできるなんて」とさかんに誉めるのですが、そのとき、本人の手や体は動いていません。

先輩も最初は誉められて気分が良いのですが、そのうち、彼女が何もしていないのに気がつき、「ほらほら、休まず仕事しなさい」と注意します。けれども相変わらず仕事をせずに周囲の働きを見ているだけです。感心をするのなら、その良い部分を見習い実行すればいいのですが、口が動くだけで何もしないのです。

「口が動けば手が止む」「口自慢の仕事下手」「口叩きの手足らず」ということわざがあります。いずれも、口ばかりで仕事をしない人をたとえています。

こういう人は、人を誉めることを商売にしている仕事をすれば良いかもしれませんが、そううまい話はありません。相手にされなくなる前に、「感心上手の行い上手」になって欲しいものです。

器用貧乏人宝

きようびんぼうひとだから

器用な人は何でもできて重宝がられるが、大成せず貧乏である。

類句に「多芸は無芸」「なんでも来いに名人なし」があります。器用な人は便利で、何でもやりますから人に重宝がられます。でも一つのことに徹しないので、中途半端になり大成しないということです。

こういう人は、性格も良くフットワークも良いですから人に好かれます。けれども、専門家ではありませんから深い知識を知りません。予算のないちょっとした仕事には、「あの人は器用だからできるだろう」と頼むのですが、大事な仕事になるとお声がかかりません。いい人だけにお気の毒にと思うのですが、案外本人は気にしていないのです。頼まれることに喜びを感じているのでしょう。

たとえば男性の場合、結婚して家庭を持つと、家事を手伝い、本棚から犬小屋まで何でも作り、近所の家の雑用まで引き受けて器用にこなしてしまう人がいます。仕事では大きな出世が望めない人だとしても、「僕は学者が専門だから大工仕事はしないよ」というご主人を持つより「器用貧乏」のご主人の方が、奥さんにとっては幸せかもしれません。

愚人に論は無益《ぐじんにろんはむえき》

話をしても道理のわからない者には、言っても無駄である。

会社の重要な会議などで、こちらが理路整然と説明をしているのに、その意見を聞き入れない人がいます。そればかりか喧嘩腰で、わけの分からないことを言ってくるのです。

こういう人は、自分の利益や自分本位のことばかりを考えていて、共通の場としての意見に耳を傾けません。狭い主義主張にとらわれ、相手のことばを理解しようとしない頑固な人なのでしょう。一人でもこのようなタイプの人がいますと、会議はなかなか本題に入れなくなり、時間ばかり浪費してしまいます。よく「愚人に向かって返答なし」ということわざがあります。話をして聞かせても、道理のわからない者は通じないので相手にするなという意味です。飲み会などでもこのような性格の人が議論を吹っかけてくることがあります。

「愚人に聞かす詞《うた》はない」ということわざもあります。自分の主義主張ばかり押しつけてくる人を諭しても無益。相手にしないほうが良いということです。

口と財布は緊めるが得《くちとさいふはしめるがとく》

おしゃべりと無駄使いは慎めということ。

類句に「口は禍の門」があります。しゃべりすぎると、何かぼろを出したり、責任を取らされたりで、損をすることが多いので気をつけなければいけないという戒めです。また財布もできるだけ開かず、金を使わないように心がけなさいという意味です。

職場の仲間とのおしゃべりは楽しいものですが、ちょっと調子に乗って余計なことをしゃべってしまうことがあります。途中で気づいて反省する人はまだ良いのですが、一向に気づかずに、さらにボルテージをあげてしゃべり続ける人がいます。とくに人の噂話や悪口には気をつけなければなりません。しゃべっている本人は軽く言ったつもりでも、言われた方は傷つくものです。

こうした噂話や悪口が出始めたら、さりげなく話題を変えることが一番良い方法です。それでも止まらない場合は、その席から離れることです。噂話や悪口は慎み、おしゃべりはあくまでも明るく、和やかな雰囲気で楽しみたいものです。

鶏口となるも牛後となる勿かれ

けいこうとなるもぎゅうごとなるなかれ

大きな組織の末端にいるよりは、小さな組織でもその長になったほうが良い。

「鶏口」は、鶏の口。小さな組織の「長」を表しています。「牛後」は牛の肛門をさし、強大な者につき従って使われる者のたとえです。大なる者の後に従うよりは、小さな者でもその頭になった方がましであるという意味で、いつまでも社員として使われるよりも、小さな会社でも独立して仕事をした方が良いということです。

もちろん人によっては大きな会社の一員として働くほうが性格に合っていて、組織全体として社会に貢献できるという場合もありますから、一概に独立した方が良いとは言いきれません。最近は、女性起業家も多くなり、あらゆる職域で生き生きと活躍している女性たちの姿を見る機会が増えてきました。たった三人で経営する会社で、年商三億円という例も珍しくありません。使われている側の身になってみれば、一度は社長になってみたいと思うものなのでしょう。

その人の性格や仕事にもよりますが、失敗を恐れず果敢に挑戦することも、素敵な人生です。

五両で帯買うて三両で絎ける

ごりょうでおびこうてさんりょうでくける

肝心のものより、それに付随する事柄に費用や手間がかかること。

「絎ける」とは着物などの縫い目が、表から見えないように縫うことです。

五両で買った帯をさらに三両もかけて、縫い目が見えないように手直ししたということから伝えられたことわざです。

借家住まいの人が念願のマイホームを建てたところ、今まで払ったことのなかった固定資産税の請求書がきて、支払いに困ったという話を聞きます。家を建てれば、建物の費用だけでなく、電気、ガス、水道、垣根から庭木の手入れ、町内会費までお金がかかります。マンションでも、管理費、修繕積立金、自治会費などが毎月請求されます。

また旅行などでも、一泊二食付きで八千円という安さにひかれて温泉宿に出かけても、交通費、土産代、宿で飲んだビール代などが、かえって高いものになることもあります。

このように、物事は本筋のことだけを考えていれば良いというものではなく、それに関わってくる費用がついてくるものだから、あらかじめ良く見極めて行動しなさいというものです。

転んでもただは起きぬ

ころんでもただはおきぬ

たとえ失敗しても、その失敗から利益を見つけること。

このことわざの本来の意味は、転んでもそれを利用して必ず何かを拾って起きる人、ということから「どんな場合でも、必ず何か利益を得ようとする欲深くて卑しい人間」をさして言うことばです。

しかし最近では、「失敗から成功を見つける、機敏で利口な人」「逆境にも負けない根性のある人」という意味で使われているようです。時代とともに、ことわざの解釈の仕方が変わってきたものと考えられます。何か大きな失敗をしても、「あの人は、転んでもただは起きぬ人だから、必ずまた成功するだろう」というふうに使われます。

しかし人生には先々の心配も多いもの。「転ばぬ先の杖」といったことわざもあるように、失敗しないように、前もって準備を怠らないよう心がけることも大切です。

仕事を追うて仕事に追われる《しごとをおうてしごとにおわれる》

仕事は追われるくらいでないと儲からない。

仕事は常に追いかけて取り、取ったら一生懸命仕事をして、また追いかけて取るもので、そうしなければ仕事に追われるほど儲からないということです。

世の中の景気が良いときは仕事に追われ、不景気だと必死で仕事を追うことになります。仕事は、「追いつ追われつ」が実際の姿であるということです。

忙しいと「この仕事は明日にしよう」と後回しにしてしまいます。逆に暇になるとやることがなくなり、さびしい思いをします。しかし、忙しいとき、仕事に追われているときこそ暇になったときのことを考え、さっさと仕事を片づけて時間を作り、次の仕事の発注を受けられるように、お得意さまへの挨拶回りなどの根回しをしておかなければなりません。

今は景気がいいから、忙しいからと何もしない状態では、「向こうから仕事がやってくる」「仕事に追われるほど儲かる」ということはないと言っています。

贅はしたし　銭は無し

ぜいはしたし　ちゃんはなし

ぜいたくはしたいが、お金がない。思うようにならないこの世を言う。

銭を「ちゃん」と読むのは、唐（中国）読みです。思いきりぜいたくをしたいのはやまやまだが、肝心のお金がなくては、何もできないということです。浄瑠璃「ひらかな盛衰記」の中の台詞を引用したものです。

「ひらかな盛衰記」は、源平の合戦を背景に、木曽義仲の遺臣、樋口次郎兼光の忠義話と、梶原源太影季と腰元千鳥の恋を中心に描いた浄瑠璃で、天文四年（一七三九）、大阪竹本座で初演されました。今でも歌舞伎の出し物の一つとして人気のある作品です。したがって、このことわざは、今から二百六十年以上も前に、浄瑠璃の台詞に登場していたということになります。

お金がないと、世の中、思うようにならないと嘆くのは、江戸時代も今も変わらないということでしょう。仕事が忙しいときにはお金があるのですが、残念なことに暇がありません。また、暇があるときには、お金がないといった具合です。

このように、思うようにならない世の中だからこそ、人生は面白いのかもしれません。

銭無しの市立ち

ぜになしのいちだち

金を持たずに市場に行くこと。準備もなしに始めること。

銭を持たずに市場へ行っても、ただ立って見ているだけで、何も買えないことから、事を起こすのに、何の方法も講じず、ただやみくもにやっては駄目だということをたとえています。

類句に「銭もたずの団子選り」があります。お金もないのに、あの団子がいい、この団子がいいと選んでみてもどうにもならないことを言っています。何をするにもお金がなければ、行動しても無駄だということなのでしょうが、そう言いきってしまうと夢もなく、淋しい気がします。

実際、お店をのぞくだけで何も買わずに歩いている人たちを見かけることがあります。お財布にお金が入っていなくても、ウィンドウ・ショッピングは楽しいものですし、「お金が入ったら、あれを買おうこれを買おう」と想像するのもワクワクします。たしかにデートのときや食事、レジャーなどの場合は先立つものが必要ですが、恋人や夫婦でのんびりと歩くだけ、というのも悪くありません。

千金を買う市あれど一文字を買う店なし《せんきんをかういちあれど　いちもんじをかうみせなし》

市には何でも売っているが、字を売っている店はない。

市場ではどんな高価なものでも、金さえ出せば買えるが、たった一つでも文字を買える店はないと言っています。文字は自ら学ぶ以外に、他から買って間に合わせるわけにはいかないとたとえています。

いくらお金があっても、学問は自分で勉強して習得する以外に道はないのです。子供に勉強させようと、たくさんの参考書を買い与え、高額な授業料を払って塾に通わせることはできても、本人に勉強する意欲がなければどうしようもなく、無駄になってしまいます。

人間は多少お金が入ると使いたくなるものです。使うお金がなければ何も買えませんし、じっとしているのですが、ちょっとゆとりがあると、旅行に行こうかしら、洋服を買おうかしら、エステに行こうかしらと財布の紐がゆるみます。

しかし自分を磨く勉強は、お金では手に入りません。高額な物を買っても、時が経てばその価値は低くなりますが、人間の内面を向上させる勉強は、一生の宝物となってその人の中に残るものです。

船頭多くして船山へ上る《せんどうおおくしてふねやまへのぼる》

指図する人が多くて、目的でない方向にものごとが進んでしまうこと。

指揮の統一がとれないと、まともに仕事ができないことをたとえています。「山王祭に船屋台あり、鉄砲州より出しといふ。船頭多くて舟は山王の山にも上る今日の祭礼」と江戸時代に書かれた「千紫万紅」からの引用です。船頭が多くて、てんでに指図するので、ついには、船が山へ登ってしまうという意味です。

仕事をする場合、指揮をする人が多ければ多いほど、かえって前へ進まないことを言っています。係長が指図したかと思えば、課長が別の意見を言う、すると部長がまた違うことを言う、そのうち何が何だかわからなくなってしまうというようなことがあります。みな一つの仕事に向かい、良かれと思い意見を言うのですがまとまりません。そのうち、結論が目指していた方向と違うところへ行ってしまうのです。

自分が指示する立場の場合は、職場の全員が安心して仕事ができる、しっかりとしたリーダーになるよう努力したいものです。

それにつけても金の欲しさよ

それにつけてもかねのほしさよ

それにしても金があればなぁと、ため息まじりに言うことば。

今から、四百五十年前に没した俳祖、山崎宗鑑の句と言われています。ことわざの上に、どんなことばをつけても収まるので有名な句です。「何かにつけて金があればうまくいくのだが、それがないと、どうにもならない」と嘆いている様子を言っています。

「車を買いたいなぁ、それにつけても金の欲しさよ」などと使います。お金がないと不自由で苦労することを言っているのですが、このことわざには、お金への執着心や悲壮感がありません。庶民が自分の願望をことばにして楽しんでいたようにも考えられます。何か欲しいものがあっても先立つお金がないとき、このことわざを口にして明るく生活してはいかがでしょう。案外気持ちがすっきりするものです。

「家が欲しいなぁ、それにつけても金の欲しさよ」「海外旅行に行きたいなぁ、それにつけても金の欲しさよ」。

なんだかリズムが出てきませんか。調子良くそれらしく聞こえてくる楽しい句なのです。

大器小用《たいきしょうよう》

才能のある人物を、つまらない地位において、働きがいのない仕事をさせる。

「大器」は大きな器のことから転じて、大きな器量を持つ人物をさしています。「小用」はちょっとしたつまらない用事のことを言います。このことわざは、すぐれた手腕を持っている人に、簡単な仕事しかさせず、せっかくの才覚を十分に生かさないことをたとえています。類句に「大根を正宗で切る」があります。大根を切るのに名刀を使う必要がないという意味です。

「あの人は他の人ではできない技術を持っているのに、なぜこんな仕事をしているのだろう」と不思議に思う人事があるものです。素晴らしい才能があるのに、その才能を生かさずに埋もれさせていてはもったいない話です。有能な人材を見出すことも上司の才覚なのですが、上に立つ人の、見る目がないのかもしれません。

「適材適所」ということばがあるように、何かの資格を持っていたり、特別な技術を身につけていたりする人は、積極的にそれを活かした仕事に就く方が良いということです。

使う者は使われる

つかうものはつかわれる

人を使おうとすれば、気を使い、働かせるのには苦労する。

人を使うには、仕事の段取りを考えたりしなければならず、苦労をするということです。スタッフの上に立って仕事をすれば、たとえ身体は楽なように見えても、頭の中は休みなしです。常に仕事の運営を考え続けなければなりません。また、自ら模範となる行動をとらなければ尊敬もされませんし、風邪を引いたからといって簡単に仕事を休むわけにもいきません。

このように、人を使おうとする者は気苦労が多く、結局、人に使われるようなものだとたとえています。

「人を使うは使われる」「使うは使われる」とも言います。

しかし人間は面白いもので、使われている側にいると使う側に立ってみたいと思うものです。そして、使う側になって初めて、その大変さがわかるのです。

「使われる者より、使う者は涙三粒多く流す」と昔から言われています。

壺の中では火は燃えぬ

つぼのなかではひはもえぬ

狭い窮屈な場所や、ふさわしくない環境の中では良い仕事はできない。

壺の中で火を燃やしても、二酸化炭素がたまって火は消えてしまいます。壺の中でいくら火を燃やそうとしても燃えないことから、このことわざが生まれました。

大きな仕事を成しとげるには、それにふさわしい場所が必要であって、狭いところでは無理であるとたとえています。また単に場所の問題だけでなく、十分に仕事ができる環境も大事だと言っています。

これを別の意味でとらえると、狭い日本列島で仕事をするだけでなく、世界に目を向けて、大きく羽ばたくことも大事だということになります。国際化が進展する中、海外で仕事をする女性もずいぶん増えてきました。とくにボランティア活動では、重要な役割を果たしています。

「井の中の蛙大海を知らず」ということわざがあります。自分の狭い知識や見解にとらわれて、広い世界を知らないといったことにならないよう、見聞を広げて、自分にふさわしい活動の場を見つけるようにしたいものです。

時は金なり《ときはかねなり》

時間は金銭と同じで貴重なものだから、無駄に費やしてはならない。

時間は、取り戻すことのできないものです。こうしている今も一秒、二秒と人の都合に関係なくどんどん過ぎていきます。いったん過ぎた時間は永久に戻ってこないのです。このことわざは、時間を有効に使って勉励すれば、必ず成功して、金持ちにも、立派な人格者にもなれるとたとえています。英語の「time is money」から引用されたものです。

「時は得難くして失い易し」ということわざでは、時間は再び来ないのだから、惜しむべきであると言っています。また、油断をしていると、時間はあっと言う間に失ってしまうものだとも言っています。

「時を得る者は昌え、時を失う者は亡ぶ」（ときをうるものはさかえ、ときをうしなうものはほろぶ）でも、時間を巧みにとらえて、これに乗じて行う者は成功し、これを見失う者は失敗すると諭しています。

まさに「時は金なり」。お金（成功）と時間は密接な関係にあるのです。

年とれば金より子《としとればかねよりこ》

年をとってからは、お金は頼りにならない。頼みになるのは子である。

老衰してくると、どんなにお金があっても不安になるものです。周囲に面倒をみてくれる人がいなければ、なおさらのことです。

「年は仇」「年には勝てぬ」のことわざもあります。年をとって健康や体力、気力が衰えてくることを嘆いています。多額の財産があっても、お金で若さは買えません。そこで、最後に頼りになるのは、お金より我が子だということなのでしょう。

しかし中には、独立したあとはまったく親の面倒をみないと言う人もいます。そして、そういう子供に限って、まだ元気な親の前で、遺産相続の話などをしているのです。中には、子供に面倒を見てもらうよりは、老人ホームに入ったほうがいい、などというケースもあります。子供には頼らない、という親が増えている現代では、「年とれば子より金」なのかもしれません。

隣りきびしければ宝儲くる

となりきびしければたからもうくる

近所に精出す働き者がいると、自然に感化を受けて、良く稼ぐようになる。

「世のたとへにも、隣りきびしければ宝まうかるといふ事有り」という江戸時代の句から引用されたことわざです。職場などでも見られることです。隣の人が懸命に仕事をしていると、これはさぼってはいられないと頑張り始めます。

人間にはライバル意識がありますから、隣に負けまいとする気持ちが強く出てくるのでしょう。面白いことに、隣の家が垣根を直すと、自分の家の垣根も新しくしたり、隣の家が新車を買うと、負けずにそれ以上の高級車を買ったりするものです。また、会社の同僚の女性が新しい洋服を身に着けていると、その一週間後には、まるで伝染したように、真新しい洋服を身に着けた女性が増えると言います。他人の物はなんでも良く見えて、うらやましくなるものなのでしょう。

こうした「負けん気」が、他人より働くことになり、お金もたくさん稼ぐことになるというたとえです。でも、負けん気が強すぎるのも考えもの。自分は自分、他人は他人という気持ちを持つことも大切です。

無いものは金と化け物

ないものはかねとばけもの

あるように見えて実際にないのが金、あると言われて実際にはないのが化け物である。

「いずくの浦でも無い物は、金と化け物。有る物は質札と借金」。これは「ひらかな盛衰記」から引用されたことわざです。ありそうに思えて実際にはないのが金と化け物であり、ないように見えてもあるのが借金だということです。

知人の新築の家に招かれたときのことです。東京の一等地に建てられた豪邸は目を見張るものがありました。車が三台も入る駐車場にはベンツが並んでいます。建物は、全室コンピューター制御の冷暖房システム。台所は高級レストランの厨房室のよう。地下には防音のカラオケルーム。どれを見ても素晴らしいものでした。けれども、その夜出された食事はその雰囲気とはかけ離れた質素なものでした。

食事をしながら豪邸の自慢話を聞かされるのですが、どうも表情がさえません。自慢話と裏腹に、冷暖房費が毎月五十万円もかかるとか、固定資産税が高すぎるとか、ローンのお金が大変だとか愚痴を言い出したのです。かなり無理をして豪邸を建てたのでしょう。外からはお金があるように見えましたが、実はなく、本当にあったのは「借金」だったのです。

怠け者の節供働き

なまけもののせっくばたらき

ふだん怠けている者に限って、世間一般が休む休日に一人だけ働くこと。

昔の村の生活では、節供の日は「物忌」（ものいみ）と言って、村全体がいっせいに休んで、心身を清める日としていました。飲食や出歩くことを慎み、その日に働くことは一種の罪悪と考えていたのです。日曜日は、「安息の日」として教会で祈りをささげる西洋の習慣と似ています。

このことわざは、平素怠けている人が、周囲が静かに休養している節供の日に限って急に働き出す卑しさをたとえて戒めていることわざです。

家庭の中でもときどきこういう人はいるもので、ふだんは片づけなどしないのに、家族がのんびりと過ごそうと思った休日に限って、これみよがしに朝早くから物音をたてて片づけなどを始めるのです。しかし、文句を言っても平然としています。

仕事はふだんから怠けず行い、皆が休むときには周りの状況に合わせて休むことも大切です。

二足の草鞋を履く《にそくのわらじをはく》

種類の違う仕事を一人で同時に兼ねるたとえ。

このことわざは、江戸時代から伝えられたもので、ばくち打ちのヤクザ者が、役人の十手を預かる場合などをさして言っていました。したがって、江戸時代では、あまり良い意味で使われていなかったようです。しかし現代では、医者が小説を書いたり、弁護士が政治家をやっていたり、作家が知事になったりと、そう珍しいことではなくなりました。

けれども二つの仕事を天秤に計って見ていますと、どちらかがうまく動いていない、という場合も多いようです。

「二兎追う者は一兎を得ず」ということわざがあります。同時に二つのことをしようとすれば、どちらも中途半端になって、うまくいかないことをたとえています。また「八方手を出す人は身が持てぬ」ということわざでは、あちこち手をつける人は結局どれもうまく行かないと言っています。

もちろん上手に二足の草鞋を履きこなす人もいますが、誰もがそう器用にはいかないもの。あれもこれもと欲張らずに、一つの仕事をきちんとやり遂げることのほうが、大切なことなのです。

濡手で粟《ぬれてであわ》

たいした苦労もしないで、楽々と大儲けをすること。


濡れた手で粟をつかめば、粟粒がひっついてきて、労せずに多くつかむことができることから、骨折らずに利益を得ることをたとえたものです。「濡手で粟のぶったぐり」とも言います。

このことわざが生まれた江戸時代にも、「濡手で粟」をつかんで金儲けをした人がいたようです。たいした手をかけずに、東北の貧農の娘を遊女として売りとばし、大儲けをしたり、悪代官と手を結び商売の利権を不正に得たりと、悪行のかぎりで大金を手にしていたのです。悪代官と手を結ぶあたりは、現代にも通じるものがあります。

働かずに大儲けができれば…と思うのは人情でしょうが、「そうは問屋が卸さぬ」のことわざ通り、常識はずれのうまいことはありません。少しの苦労もしないでお金が入ることなどあり得ないことです。

「濡手で粟」のことばの裏には、「悪」というイメージがつきまといます。

針を倉に積む《はりをくらにつむ》

長い年月をかけて、こつこつと少しずつ金をため込むこと。

大きい倉の中に少しずつ針を積んでも、いっぱいにたまらないことから、わずかなお金をせっせとため込むことをたとえています。

しかし少額を貯めていても、なかなか大金にはなりません。そんなとき、「針を倉に積んでも足らない」という言い方をします。

生活費を倹約して、毎月千円づつ預金をしても、一年間で、一万二千円、十年間で十二万円、百万円が貯まるには、八十年以上もの歳月がかかります。なんとも気の遠くなるような話です。しかし、それでも「塵も積もれば山となる」で、いつかは大きなお金になるものです。

「どうせこんな少ない金、貯めてもしかたない」と、預金をせずに使ってしまう人がいます。手にしている金額が少なければ少ないほど、そんな気持ちになるのは理解できますが、それではいつまでたってもお金は貯まりません。

少額をばかにせず、こつこつと針を倉に積んでいきましょう。

引越し三両《ひっこしさんりょう》

引越しをすれば、なんだかんだと金がかかるということ。

引越しを繰り返せば繰り返すほどお金がかかることを言っています。

環境を変えたい、知らない町に住みたいという理由で、二年に一度引越しをする人がいます。学生や独身者でしたら、荷物も少なく簡単に引っ越せるかもしれませんが、家族がいる場合は頻繁に引っ越すわけにはいきません。それでも、引越し好きは、面倒とは思わずにあの町、この町と引越していくのです。賃貸の場合は、転居先の部屋もきれいにリフォームしてありますから、気分が変わり、気持ちが良いのでしょう。

しかし、引越しは何かとお金がかかります。敷金や礼金にはじまり、運送費だけでなく、引越し先の部屋の雰囲気に合わせて、家具やカーテン、じゅうたんも替えたくなります。新しい家電が必要になることもあるでしょう。かと思えば、前の家で不要になったものを処分するのにも相当のお金がかかります。「引越貧乏」とはまさにこのことです。

隙ほど毒なものはない

ひまほどどくなものはない

人間は仕事がなく暇があると、ろくなことをしない。

人は毎日忙しく、せっせと働いていれば問題は起こさないが、暇があって身体をもてあますと、様々な欲望のはけ口を求めて、ふだんと違う行動をとってしまったり、ろくなことを考えないと戒めています。

春、夏、冬の長い休みに入った学生が事件を起こしたり、巻き込まれたりするケースがよくありますが、そうした学生の多くは、休みの間、スポーツなどの活動で汗を流すことをせず、怠惰な生活を送っている場合が多いと言います。その結果、暇を持て余し、つまらない考えに走ってしまうのでしょう。冷静になったあと反省をするのですが、あとからでは間に合いません。

類句に「何もしないのは悪を犯すことだ」「怠惰は悪徳へ傾く」があります。元気で動き回れるうちは、暇な時間を作らないことが一番のようです。

貧者に盛衰なし《ひんじゃにせいすいなし》

金持ちは貧乏になることもあるが、もともと貧乏な者はこれ以上貧乏にならない。

貧乏人は、それ以上落ちることもないので、金持ちに比べて心配がなく、気が楽だとたとえています。

また、「貧乏にこわいものなし」ということわざでは、貧乏人は盗られるほどの物をもたないから、泥棒を怖がることもなく、だまされて金を取られることもないと言っています。

貧乏人にずいぶんひどいことを言ったことわざですが、「貧にして楽しむ」ということわざでは、貧しければ貧しいなりに、それ相応の楽しみ方があるものだと説いていますし、「貧乏に花咲く」では、今は貧しくても、やがて豊かに栄えるときがやって来るとたとえています。

また、「貧乏は達者の基」では、貧乏だと、早寝早起きをして、一生懸命働くので、必然的に健康にかなった生活をすることになり、貧乏はむしろ壮健のもとだと言っています。

貧乏の定義がどこにあるのかわかりませんが、こうしたことわざを見るかぎり、考え方しだいでは貧乏もなかなか良いものだと思ってしまいます。

不足奉公は両方の損《ふそくぼうこうは　りょうほうのそん》

奉公人が仕事や待遇に不満を持つことは、本人だけでなく主人にも不利益である。

仕事や待遇など、主人に不満を持ちながら奉公するのは、仕事に熱がこもらないから、主人と奉公人の双方にとって損だということです。

一般の会社においても、同様のことが言えます。給料のわりに仕事量が多ければ、社員は不満を持ちます。おまけにサービス残業となれば、仕事の内容は粗雑になってしまうかもしれません。経営者は働く者の立場を考え、優遇すればするほど、社員は気持ち良く一生懸命働くものです。そうなれば会社と社員の両方の得になるのだとたとえています。

しかし、このことわざができた時代の奉公人の労働は、現代とは比べようのないほど過酷なものでした。「百日の労一日の楽」ということわざもあります。百日間連続して働いたら、一日はゆっくりと骨休めをした方が良いと言っています。これほどまでに大変な労働時間では、奉公人が待遇に不満を持つのは当然ということになります。

週休二日に、夏休み、正月休みが当たり前になっている現代人。江戸の昔の人が知ったら、どんな感想を述べるでしょうか。

二人口は過ごせるが一人口は過ごせぬ

ふたりぐちはすごせるが ひとりぐちはすごせぬ

夫婦二人分の生活費は、不経済な独身者の二倍かかることなく、安上がりで済む。

類句に「一人口は食えぬが二人口は食える」があります。「一人暮らしはいろいろ無駄が多くて生活しにくいが、結婚して二人で暮らせば節約できる部分が多く、なんとか食べていける」というものです。

一人で生活していると、料理も作らず、つい外食をしたり、コンビニやスーパーなどで出来合いの物を買ってきて食事をすませてしまいます。これが案外高くつくもので、光熱費や、服飾費、レジャー費などと比べて、食費はダントツに多くなるものです。

生活費の節約だけが目的で結婚することは不道徳ですが、二人で過ごせば、家賃や光熱費をはじめ、野菜、魚などの生鮮食品も、食べ残して無駄にすることもなく経済的です。また二人ですと、一つのおかずを二つにして食べることもできます。

でも、何よりの「おいしいおかず」は、二人で過ごすことで生まれる楽しい会話です。たとえ質素でも、素晴らしい食事の時間が二人の生活を支えるのです。

下手があるので上手が知れる

へたがあるのでじょうずがしれる

下手な人がいるからこそ、その人と比較して上手な人がわかる。

世の中が全員上手な人ばかりでは、全員が上手でなくなってしまいます。つまり、比較するものがあるからこそ、上手と下手がわかるというものです。

このことわざは、「下手な人でも、存在意義がある、それなりに役に立つ」ということを言っています。

義母の作る料理に感心して「お母様は料理がお上手ですね」と言ったところ、「あなたが嫁いでくれたおかげで、私の下手な料理も上手に感じるのよ」と返され、皮肉なのか誉められたのかわからないと悩んでしまった女性もいました。また周囲からいつも「仕事が遅い、下手だ」と言われている人が、つい、「下手な私がいるから、あなたが上手に見えるのよ」と開き直った発言をしてあきれられたという話があります。

実際、下手も役立っている場合があることを表しているのが「下手が却って上手」ということわざです。自分が下手だと思っている人は、良い仕事をしようと念を入れてかかるので、上手な人よりうまくできる、また無理をせず危険をおかさないので、実は、安全を保つことができる、と言っているのです。

坊主の花簪

ぼうずのはなかんざし

持っていてもなんの役にも立たないこと。

かんざしは、女性の髪にさす高級な装飾品です。髪の毛がないお坊さんが、かんざしを持っていても役に立たないことから、使い道がないことをたとえています。「猫に小判」「豚に真珠」「犬に論語」なども似たような意味を持っています。

家の大掃除をすると、何の役にも立たないものを発見することがあります。大方、もったいないからと捨てないでおいたものが多いのですが、何年も使ったことのないものばかりです。たとえば結婚披露宴でいただく引き出物などは、もらったときはうれしいものの、ふだんの生活ではあまり出番がなく、ほとんどしまわれたままの状態です。贈る方としては、なるべく高級感のあるもので、自分では買わないような珍しいものをと考えるのですが…「家ではワインなどほとんど飲まないのに、高価なワインオープナーをもらった」など、実際は、なかなか使ってもらえない物を贈っている場合も多いようです。

相手にとって「坊主の花簪」にならぬよう、贈り物は生活にすぐ役立つ物のほうが喜ばれるようです。

無駄方便《むだほうべん》

無駄だと思われることでも、手段として役に立つことがある。

「無駄銭を使う」という言い方もあります。「方便」とは、便宜上の方法、手段を意味しています。無駄だと思っていても、それが後で「方便」になる、役に立つことがある、と言っています。

価値のない物を高額なお金を出して買ってしまい、お金の無駄使いになっても、その経験は二度とそうした過ちをおかさないための「授業料」と思えば、決して無駄ではなかったということになります。

また、悪い男にだまされてつらい思いをした女性も、その経験が後になって役立ち、今度はだまされないものです。初めて行った美容院が下手で、気に入らない髪形にされたら、次はしっかりとした美容院を探してから行くでしょうし、値段のわりにおいしくないレストランであれば、二度と入らないでしょう。

このように人間は、無駄と思われるお金を使って初めて勉強になることがあるのです。それが高い授業料であればあるほど勉強になり、のちのち間違いをおかさないようになるものです。失敗しても、本当の無駄にはならないものなのです。

目で見て鼻で嗅ぐ

めでみてはなでかぐ

確かめた上にも確かめること。念をいれて間違いのないようにすること。

仕事のミスが多い人は、確認をすることが苦手な人が多いものです。わかったつもりで、見直す努力をしないと大変な失敗をすることになります。このことわざは、そうした人への戒めとなっています。

「耳に釘」ということわざでは、念のために注意のことばをかけることを言っています。「耳に釘を刺す」とも言いますが、確かめて念を押すという意味です。人に釘を刺される前に自分自身で何度も確認をして、間違いのない仕事をしなければなりません。とくに金銭を扱う職業の人は責任が重く、慎重な仕事ぶりが必要になります。

また「目で目は見えぬ」ということわざでは、自分で自分の目を見ることができないように、人間は自分の欠点には気づきにくいものだと言っています。

仕事上の確認をすることが下手な人は、それが自分の欠点と考え、このことわざを心の中で何度も復唱してください。「目で見て鼻で嗅ぐ」です。

儲けぬ前の胸算用

もうけぬまえのむなざんよう

まだ手にしてないうちから当てにして、儲けを計算すること。

「捕らぬ狸の皮算用」とも言います。「算用」は金銭などの計算をすることです。まだ儲けていないうちから、儲けたときのことを考えて金勘定をすることをたとえています。手に入るかどうかわからない不確実なものに期待をかけて、それを基にあれこれと計画を立てることです。

最近、若い女性にも「株」を購入する人が増えてきているようです。「有名会社の株主になったから、株主優待でその会社の製品が安く手に入るのよ」と喜んでいる女性に出会いました。その後も、新聞の株式市況欄を見ながら、「この分だと、百万円は儲かるわ」と言いながら、そのお金の使い道について話してくれました。「夫と一緒にハワイに出かけて、ショッピングセンターでブランド物のバッグを買い、夜は一流ホテルのディナーを食べるの」と楽しげに話していました。けれども残念なことに、その株は大幅に暴落して、儲かるどころか大損をしてしまったのです。

まさに「儲けぬ前の胸算用」。あとでショックが大きくならぬように、胸算用は控えめに。

故の木阿弥

もとのもくあみ

一度は大金持ちになったものが、失敗して元の悪い状態に戻ってしまうこと。

以前とは似つかぬほどの栄華の身になった者が、元の貧乏な暮らしに戻ってしまったことをたとえています。

戦国時代のことです。大和郡山の城主、筒井順昭が病死しましたが、その子、順慶がまだ幼かったことから、遺言によりその死を隠し、順昭の声と似た「木阿弥」という盲人をつれてきて薄暗い寝所におき、替え玉にしていました。その後、三年の喪が明けて順慶が成人すると、木阿弥の役目は終わり、元の一盲人に戻されたという故事から伝えられたことわざです。

また、こんな一説も。妻と離縁して出家した男が、山にこもって木の実などを食べて暮す「木食」（もくじき）という修行に入ったところ、京の人々はその男を「木阿弥」、あるいは「木食上人」と呼んで、尊敬していたのですが、年老いて心身が弱ると、里が恋しくなり、とうとう山を降りて元の妻とよりを戻してしまいました。今まで積んだ修行は水の泡となり、里の人々はあざけ笑って「元の木阿弥」と呼んだのが始まりとも。

いずれにしても、「元の木阿弥」と陰口を叩かれるような人生は送りたくないものです。

物は相談《ものはそうだん》

困った時には一人でくよくよ悩まずに、人に相談したほうが良いということ。

　とても見込みのない交渉や、成立が困難なことでも、投げ出してあきらめてしまわずに、一度は相手と話し合ってみるべきだとたとえています。

　仕事のことでも、お金のことでも、前置きに使われることばです。いきなり、本題に入る前に、「物は相談なのだけど、今度の仕事、きみにやってもらえないかな」という具合に使います。「物は相談」と最初に言った方が、相手に与える印象は穏やかなものになります。「物は言いようで角が立つ」ということわざがあります。話し方しだいで良くも悪くもとられるものです。

　大方の人間は、この「物は相談」という前置きに弱いものです。なにやら、真剣で真面目な内容をじっくり相談されるようで、悪い気がしないのでしょう。

　しかし、結婚の申し込みなどには、このことばを使ってはいけません。「物は相談なのだけれど…結婚してくれる?」。これでは真面目に取り合ってもらえません。

行き掛けの駄賃

ゆきがけのだちん

あることをするついでを利用して、儲けること。

本来の仕事のついでにもうひと仕事することをたとえています。「駄賃」は荷物などを運ぶ際に支払う賃金のことです。

江戸の昔、馬子（馬を引いて荷物や人を運ぶ人）が問屋へ荷物を受け取りに行く途中、ついでだからと往路の空馬（からうま）に別口の荷物を乗せて運び、駄賃をせしめたことから生まれたことわざです。

現代でも、「行きがけの駄賃」で利益を得ている人がいるものです。たとえば、勤めている会社のすぐ近くで、勤務後にコンビニなどでアルバイトをするのも、「行きがけの駄賃」です。

自宅から会社までの往復の交通費は会社で出してくれますから、アルバイト先への交通費がかかりません。その分、アルバイト先から支給される交通費を得することになります。

「行きがけの駄賃にアルバイトかぁ、いいなぁ」などと使われます。

夜鷹の宵だくみ

よたかのよいだくみ

とうてい実現できそうもない分不相応な計画を立てること。

「夜鷹の食だくみ」（よたかのじきだくみ）とも言います。「夜鷹」は五月、六月頃日本にやってくる渡り鳥です。昼間は森林の暗い木陰にとまり、夜、飛び出て餌を探します。

夜鷹が、夜では蚊のような虫しか餌にすることができないので、今度は夜寝て昼間に餌探しをして、鶴、雁、雉、鳩などをとろうと考えます。しかしさしあたって空腹なので、いつものように夜、蚊などをとって一晩中飛び回り、すっかり疲れてしまい昼間に眠ってしまいます。結局その後は、その繰り返しで蚊を食って一生を終わったという寓話から生まれたことわざです。計画だけは大きいが、とても実現できないことをたとえています。

しかし最近は、大学生などを中心とした若い人たちが、とてつもない計画を立てて成功しているのを見ることがあります。コンピューターソフト関係のベンチャー起業などがその例です。専門の研究者が舌を巻くほどの思いがけないアイディアで進出していいます。この古いことわざは、通用しない世の中になっているのかも知れません。

羅馬は一日にして成らず

ろーまはいちにちにしてならず

大事業は、長い年月と努力を積み重ねてはじめて成る。

偉大なローマ帝国も一日でできたわけではなく、長い間の努力の結果、建設されたものである。それと同じように、仕事も工夫と努力の積み重ねがあってこそ、成功するものだとたとえています。これはスペインのことわざから引用されたもので、「ドン・キホーテ」にあることばです。

このことわざは、企業の壮大な事業計画に限らず、日常の勉強でも仕事でも、当てはまります。受験生が試験の直前になってから、いきなり勉強を始めても良い結果は出ませんし、仕事もはじめからいきなり実績を出せるものではありません。地道な努力が、やがて成功に結びついて行くものです。

仕事や勉強に飽きてしまい、「ローマは一日にして成らずだから、ゆっくりやろう」と言う人がいますが、これはただの言いわけに過ぎません。

コツコツと積み重ねてこその成功であり、努力が嫌で途中で投げ出してしまっては、何年かかっても目的に達することはできないというものです。

破れ鍋も三年置けば用に立つ

われなべもさんねんおけばようにたつ

世の中にまったく役に立たないものはないということ。

「こわれた鍋でも三年捨てずにとっておけば、いつかは何かの役に立つこともある」とたとえています。

たとえば会社でも、黙々と忍耐強く事務をしていた存在の薄い人が、突然何かの機会で再認識され、いつの間にか事業の柱として活躍するというようなことがあります。目立つことなく事務室の片隅に追いやられていても、いつかは役立つチャンスがくるものだということです。

英国のことわざにも同様のものがあります。

「物を七年とっておけ、そうしたら使い道が見つかるだろう」(Keep a thing seven years, and you will find a use for it.)

もっともこの頃では、一つの会社に辛抱強く勤めている人が少なくなりましたから、いつかは役に立つ日がくるだろうと待っている人はいないでしょう。

たとえ待っていても、「破れ鍋二度の役に立たず」のことわざもありますから、活躍の機会を伺っても、「だめなものはだめ」という場合もあるのです。

四章

健康にまつわることわざ

垢で死んだ者はない《あかでしんだものはない》

風呂の嫌いな者の言いぐさをたとえたもの。

類句に「垢に食われても死にはせず」があります。風呂に入らないと垢がたまり、不潔になります。だからといって、命にかかわるわけではないという、お風呂嫌いの人の言いわけを言ったものです。

風呂が大好きな人間としては、「風呂嫌い」は理解できないのですが、世の中には月に一度入れば充分という人もいるようです。風呂は血行を良くし、新陳代謝に効果がありますから、健康維持には欠かせないものです。それだけでなく、一日のストレスを解消し、気分をリラックスさせる効果があります。

以前、「汚ギャル」と呼ばれる若い女の子が、テレビのワイドショーで話題になったことがあります。彼女たちは、友達の家を転々とし、数ヶ月も風呂に入らず、顔も髪も洗っていないというのです。

いくら、垢で死んだ者はいない…ということわざがあるとはいえ、さすがにそのような生活をしていれば、いつかは病気になってしまいます。

朝起三文の徳

あさおきさんもんのとく

早起きをすれば、なにがしかの得がある。

早起きは何よりも、健康に良いから得をするということです。「徳」は立派な人格がそなわっていることを言いますから、朝早くから仕事をこなす人は、「徳」を積み上げることにもなり、「徳」が「得」になるというものです。また江戸時代の昔は、油が高価で貴重でしたから、庶民は日没とともに就寝して、夜明けとともに働き始めました。夜、行灯の灯かりをつけない分、油代が浮くので早寝早起きは得という意味もあります。

三文は「銭」のことで、一文は最少額の単位です。今で言う一円です。では、なぜ一文ではなく三文の得なのでしょうか。それは一文では何も買えなかったからだと考えられます。今でも、安い印鑑を「三文判」と呼んでいますし、「三文花」は一番値段の安い切り花をさして言います。

また、「早寝早起き、病知らず」のことわざもあり、早起きは健康のもとと言われています。人間の体のリズムや体内時計が、健康維持を適切に導いてくれるのでしょう。そして朝早く起き、ちょっとした「得」があると「こいつは朝から縁起がいい」と、一日が快適な気分になるのです。

一番風呂は馬鹿が入る

いちばんぶろはばかがはいる

沸かしたての風呂は体に良くない。

俗にいう「さら湯」は刺激が強く、お年寄りなどには体に良くないと言います。きれいな風呂だからといって一番に入るのは愚かであるということです。

これはお風呂に入ると、体内の汗や無機物、有機物などが湯の中へ流れ出してしまい、逆に薄い皮膚から体の中にお湯の成分が入り込んでしまうからだと言われています。したがって、若い人が先に入り、汗や分泌物など皮膚から排泄されるものが湯になじんだあとに入浴したほうが、湯が中和されて良いというものです。

たしかに一番風呂は、湯にピリピリとする感触がありますから、ことわざの通りかもしれません。若い女性が入浴したあとの湯は、若返りに効くと言われたのも、あながち俗信ではないようです。

類句に「年寄に新湯は毒」というのもあります。家族としては、お年寄りに敬意を表して、「一番風呂」に入っていただきたいと思うものですが、体のことを思い、あとからのんびりと入って頂くのが良いようです。

起きて働く果報者《おきてはたらくかほうもの》

健康で働くことができるということは、何よりも幸せなことである。

朝夕、電車にもまれながら通勤しているとうんざりしてきますが、病気や怪我で入院を経験すると、働けることの喜びを感じると言います。

人間は健康で毎日を快適に過ごしていると、病気になったときのことは考えもしないものです。ところが一度でも病に倒れると、つくづく健康のありがたさが身にしみて、今度は無理をしないようになります。「果報」とは、幸せであるという意味ですが、幸せの土台は健康です。どんなに才能があろうとも健康なくしては、その力を発揮できません。

三十年ほど前、病気がちのある大企業の社長に、「十億円出すから、きみの健康と若さを売ってくれないか」と言われたことがあります。もちろん冗談ではありましたが、「十億円払っても、健康と若さを取り戻せるのなら、その金は安いもの。すぐ倍以上のお金を稼ぐことができる」と言うのです。

その後社長は、残念なことに病に負けてこの世を去りました。彼が最後に言った言葉は「人生、健康に勝るものなし」でした。

堪忍は一生の宝

かんにんはいっしょうのたから

堪忍の徳のある人は、一生安らかで幸運に恵まれる。

「堪忍」とは、こらえしのぶことであり、人のあやまちを許すことです。人を許すことが自分の「徳」となり、それが一生の幸せにつながるということです。類句に、「堪忍五両、思案十両」があります。じっと我慢し、良く考えて慎重に行動すれば良いことがあるというたとえです。

反対の意味で、「癇癪（かんしゃく）貧乏」「癇癪持ちの事破り」ということわざがあり、癇癪持ち、つまり、短気な人はすぐ怒り出すので、ものごとをぶち壊し、幸運をつかめないと諭しています。「短気は損気」も同じ意味になります。

人間は怒ると健康に良くありません。血圧が上昇し心臓に負担をかけてしまいます。ちょっとしたことでムキになる人に、「そんなに怒ると長生きできないよ」と、やんわり忠告するのですが、こちらが冷静であればあるほど、さらに怒り出すのですから、こういう人は自ら寿命を縮めているようなものです。

健康の秘訣はストレスをためないことだと言われています。仕事も人間関係もムキにならずに、穏やかな気持ちで接していきたいものです。

薬より養生《くすりよりようじょう》

病気になって薬に頼るより、日頃から養生して健康を保つように心がけよ。

類句に「薬も過ぎれば毒となる」ということわざもあります。薬で健康を保つのは最後の方法で、毎日の養生が大切であるとたとえています。

近頃は数多くの栄養剤や保健剤が発売されています。どれをとっても効き目のありそうな宣伝文句が書かれていて、疲れたときに思わず手をのばしてしまいます。以前は中高年が飲むものとされていた栄養ドリンクですが、最近は二十代の男女から、中学受験の小学生までが飲んでいるようで驚いてしまいます。知人の医師は、そんなものを飲むより、栄養のある食べ物をとり、適度な運動をした方が体に良いと力説します。

毎日仕事が忙しいと、インスタント食品や、コンビニ弁当に頼りがちになってしまいがちです。しかし、できるだけこうしたものには頼らず、朝ご飯をしっかりと食べ、お昼は栄養のバランスを考えたお弁当を食べ、夜はお酒などもほどほどに、腹八分目でおさえたほうが、薬やビタミン剤を飲んで過ごすより、ずっと健康に良いことなのです。

健全なる精神は健全なる身体に宿る

けんぜんなるせいしんは
けんぜんなるしんたいにやどる

身体が健康であれば、それに伴って精神も健康である。

古代ローマの詩人、ユーエナーリスの「風刺詩」の中にあることばです。元の意味は、神への願望でした。「神様にお願いをするのは、健全な精神と健全な身体だけ」という祈りのことばです。

「精神」は人間の「心」をさしています。健康は「精神と肉体が一体でなければならない」ということです。この二つが一体となっていれば、明るく生き生きと働くことができ、周囲に幸福をもたらすことができるという教えです。

しかし人は、病気がちになると、どうしても不安になり、気が滅入ってきます。そうなると、考えなくて良いことまで考えてしまい、心まで病んでしまうことになります。まずは身体を鍛え、病気にならないよう努力をすることです。

逆に言えば、「健全なる体には、健全なる心が宿る」ということなのでしょう。

効能書きの読めぬ所に効能あり

こうのうがきのよめぬところにこうのうあり

薬の効能書きは、はっきり読めないところに、ありがたみを感じる。

昔の効能書きは、版木が擦れて字が読みにくかったことから、庶民の間で伝わったことわざです。何ごとも一から十まで分かってしまうよりは、少々分からない方が、ありがたみを感じるというたとえです。

「病は気から」と言いますから、気の持ちようで、良くも悪くもなるということなのでしょう。何やら効能がいっぱい書いてあると、それだけで効きそうだと思い、病気が治る気がしてくるのですから、人間は単純なところがあるのかも知れません。

ところで最近、医療の現場で、「プラセボ効果」（ｐｌａｃｅｂｏ）を研究しているところがあります。すでに米国では患者の治療に取り入れているようですが、日本でも、一部の病院で始められています。プラセボは「偽薬」という意味ですが、あらゆる薬が効かなくなった患者に、「この薬は新薬で著しい効果がある」と信じ込ませ、砂糖など、何でもない粉を与えると、病状が回復してくることがあると言います。実際に、余命わずかと言われた人が、この方法で長生きをしたという報告があります。人間の体の不思議をあらためて感じます。

四十肩に五十肩

しじゅうかたにごじゅうかた

四十歳、五十歳ごろになると、体のあちこちが痛み出すという言葉。

四十、五十になると、肩や腕が自由に動かなくなったり、手をうしろへ回すとズキンと痛んだりする症状が現れることを言ったものです。これは肩と腕の関節に炎症や癒着を起こしたためで、人によりその症状はいろいろあると言われます。放置していても数ヶ月で治るそうですが、慢性になるとやっかいなことになってしまいます。

最近では、若い人も、この症状をうったえることがあるようです。運動不足が原因なのでしょう。温泉にゆっくり入り、マッサージ、体操などをすると治りが早くなると言います。

三十歳の女性が、この症状になり、鍼灸院にかかったところ、「四十肩です」と言われ、「私、まだ三十歳です！」と憤慨したという話があります。

ちなみに、六十歳、七十歳でこの症状になっても、「四十肩に五十肩」です。治療に訪れた六十歳の方が、「五十肩」と言われ、「十歳も若返った」と、喜んで帰ったという笑い話のような本当の話もあります。

死ぬ死ぬという者に死んだ例しがない

しぬしぬというものにしんだためしがない

死ぬ、死ぬと口癖のように言う者に限って死にはしない。

「死にたい、死にたいと、いふ人の死に、たがったためしねへ」(死にたいと言って本当に死んだ人にはお目にかかったことはない)と歌われた江戸時代の俗曲から引用されました。

今の社会でも「あぁつらい、もう死にそう」とか「こんなにつらい仕事なら死んだほうがまし」と軽く言う人がいます。これは、本当に死にたいのではなく、今の状態から一時的に逃避したいという気持ちを表しているだけのことです。また「死んじゃうから！」などと相手を脅すように言う人もいますが、これも相手の気持ちを引き留めたいなどの理由からで、本気で口にしていることはほとんどありません。

ある八十歳の老人は、口癖のように「年だからいつ死んでもおかしくない。だからおいしいものを食べに連れていってくれ」と息子に言うそうです。しかし、本気で死にたい、死んでもいいと言う人は、ご飯を食べたいと言うわけがないのです。きっと、甘えているのでしょう。

あなたの近くにもいませんか？「もう死にたいよ…」と言いながら、ランチを頬張っているような人が。

頭寒足熱《ずかんそくねつ》

頭を冷やし、足を温めるとからだに良い。

古くからある健康法の一つです。頭はのぼせず、足のほうが温かいのが、普通の健康状態であると言います。特に睡眠時に、足を温めて血行を良くし、頭を涼しくすることが良いとされています。

漢方療法から伝わった健康法で、江戸時代の軽い病は、この療法で治したと言われています。血行が良くなることで、風邪などが治ったのでしょう。

現代でも、「頭寒足熱」は多くの家庭で実行されています。最近は、ふくらはぎを温めると、つま先まで温まることがわかり、ふくらはぎ専用のウォーマーが発売されているようです。

真冬にふとんの中にもぐりこむと、冷たい感触が足に伝わり、体全体が寒くなるものです。足を温める「湯たんぽ」は今でも人気で、厳寒の冬には売れ行きが良くなるそうです。

大家族で生活していた昔は、子供にまで湯たんぽが行き渡らず、親が自分の足を温めたあと、幼い子供の足にからませて温めてやったものです。ほのぼのとした情景が目に浮かんできます。

畳の上の怪我《たたみのうえのけが》

災難はどこでどんなふうに起こるか予測がつかないというたとえ。

昔は畳の上は最も安全な場所とされていました。畳の上での往生は、平和な極楽往生の象徴であったと言います。しかし、その安全な畳の上でも（家の中でも）、怪我や災難が起こることがあるという戒めです。

いつ大地震が起きるかわからないと言われている日本列島です。日頃から安全対策を考えていた方が良いようです。必ずしも家にいるときに地震が起こるとは限りませんが、食器棚、本棚、洋服ダンス、テレビなどが倒れないようにしっかりと固定しておく必要があります。地震による怪我のほとんどが、こうした家具が倒れてきたことによるものだと言います。

また、防災袋、貴重品袋のようなものを用意しておき、いざというときにすぐ持ち出せるようにしておくことも大事なことです。

毎日平和に暮らしていると、人間は漠然とした危機感しか持たないものです。「危険と安全は隣り同士」ということわざもあるように、今は安全でも、いつ危険な目に合うか分からないのです。

同病相憐れむ《どうびょうあいあわれむ》

同じ悩みを持つ者同士は、互いのつらい気持ちがわかる。

同じ苦しみに悩んでいる者同士は、同情の念が厚いということを言っています。また、同じ利害を持つ者は、お互いに競争心を持つものだが、苦しいときはいたわり合うものだという意味もあります。

人間は、痛みや苦しみを感じたとき、自分ばかりがどうしてつらい思いをするのだろうと考えてしまうものです。とくに重篤な病にかかるとなおさらのことです。健康な人がうらやましく思え、人と話すのもおっくうになります。

しかし、そのような状態の時こそ、同じ悩みを持つ人と語り合う必要があります。話すことによって気が休まり、自分だけがつらいのではないと、考えるようになるものです。

病気の悩みだけではありません。日常生活のふとしたことで悩んでいる場合でも、同じような境遇にある人、同じような悩みを抱えている人に聞いてもらうだけで、気持ちがすっきりするものです。

時を得た一針は九針の手間を省く

ときをえたいっしんはきゅうしんのてまをはぶく

その場ですぐに適切な処置をしておけば、あとで大がかりなことにならない。

ベンジャミン・フランクリンのことば「今日の一針明日の十針」からアレンジされたことわざと考えられます。その時に一針縫っておけば、あとで九針縫う手間が省けることになるとのたとえです。逆に言えば、「今日縫えば一針で済むほころびは、明日になると大きくなって、十針縫わねばならなくなる。その時にしておかないとあとで苦労することになる」といったものです。

耐震強度偽装問題などにも当てはまることわざです。最初から正直に設計して建築していれば、大問題にならなかったはずです。

このことわざは、ちょっとした怪我や病気についても言えます。このくらい大丈夫だろうと、病院に行かずに放置した結果、入院しなければならないことになったという例もあります。「生兵法は大怪我のもと」ということわざがあります。いいかげんな知識で事を処理してはいけないという戒めです。

腹八分に医者知らず《はらはちぶにいしゃしらず》

満腹になるまで食べずに、腹八分目にしていれば、健康に良い。

おいしいものは、お腹いっぱい食べたいという欲望にかられますが、八分目くらいでやめておけば、いつも健康でいられるし、長生きをするものだということです。

「腹も身の内」ということわざもあります。お腹も自分の身体の一部なのだから、むちゃな大食をしないように注意すべきだと諭しています。

長生きをするには、良質の蛋白質や適度な脂肪が含まれた食品をたくさん食べて、運動をすることだと言われます。運動をせず美食ばかりすれば肥満の原因となり、成人病になるというものです。また、腹八分や粗食を心がけていても、運動をしないと寿命を縮めることになるそうです。もちろんそれだけでなく、睡眠を十分とることも、長生きの大事な要素です。

健康で長生きをしたいなら、食べすぎずに、毎日の運動を欠かしてはいけないということでしょう。自ら寿命を縮めないためには、日々の努力が必要なようです。

人には飽かぬが病に飽く

ひとにはあかぬがやまいにあく

病気が長くなると、看病する人や周囲の人たちが言うことば。

これは、病人に飽きたということではなく、病人の患っている「病気に飽きた」という意味です。家族など、看病している人たちの本音を表しています。

長く入院生活をしている人や、自宅で療養しているお年寄りが家族にいると、その看病は、並大抵のものではありません。看病疲れで、健康な人まで倒れてしまうことがあります。このことわざは、患っている人に罪はないが、その病気に飽きた、つまり病気そのものに、憤りを覚えるというものです。

長く患っている人が家族にいたりすると、「これだけ治療をしているのになぜ治らないのかしら」と、病院や医師にまで不信感をつのらせてしまうほど、病気そのものに「憎しみ」を感じてしまいます。

けれども、一番大変なのは病気を患っている本人です。周囲がため息をもらせばもらすほど申し訳なくなり、身の縮む思いになります。できるだけ明るい雰囲気を作り、思いやりを持って接したいものです。

屁ひとつは薬千服に向かう

へひとつはくすりせんぷくにむかう

おならをするのは、健康に良いということ。

おならをがまんするのは体に悪いので、遠慮なくしたほうが良いというものです。おならを一つすれば薬を千服飲むほどの効果があると言われたことから、このことわざが生まれました。おならは、女房ことばの「お鳴る」から転じたものです。

体内の腸にたまったガスを排出するので、その生理的な効果は深呼吸に劣らないと言います。おならをがまんすると、いったんは血液中に入り、最後は呼吸となって体外に排出されるそうです。しかし呼吸となって出るより、普通に出したほうが健康に良さそうです。

また、おならの臭いは、健康のバロメーターにもなっているようです。あまりにもひどい臭いが伴う場合は、大腸や膵臓の異常が考えられ、胆石などの病気にもつながっていることがあると言います。

「出物腫れ物所構わず」ということわざもあります。これはうっかりおならをしたときに使う弁解のことばです。おならと腫れ物は、どこに出るか分からないというものですが、とは言うものの、やはり時と場所はわきまえた方が良いでしょう。

無病息災《むびょうそくさい》

病気にならず、元気で平穏なこと。

これはことわざというより、四字熟語になります。「息災」とは仏の力で、災厄を除去させるという意味があります。「無病息災」は、健康にすぐれ、まったく体に異常を感じないことを言っています。ただし、そうなると自分の健康を過信して、無理を続けてしまうこともあるようです。

「一病息災」は、この無病息災をもじったもので、一つ病気があると養生するので、健康に気をつけていない人より、かえって息災であるというたとえです。その意味では、一つぐらい病気を持っているほうが、自己管理をしやすくなり、結局は長生きができるということなのでしょう。

しかし、もちろん病気にならないのに越したことはありません。「良いうちから養生」ということわざもあります。健康なうちから体をいたわるのが、健康の秘訣という意味です。健康でいられるときにこそ、規則正しい生活を心がけ、生き生きと活動をしたいものです。

焼きが回る

やきがまわる

体力や気力が衰えて、頭の回転やからだの動きが鈍ること。

年をとるとともに、若いころと違って行動や考えに変化が現れることを言っています。「焼き」は、刀剣などを作るとき、金属を溶かして形を整え、水で急激に冷やして硬くする方法の「焼きいれ」のことを言っています。ところが火が回りすぎると、かえって切れ味が悪くなってしまうことから、このことわざが生まれました。

夏目漱石の小説、「道草」に次のような一節が出てきます。『健三にはどう考えても変としか思われなかった。「変だよ」兄も同じ意見を言葉にあらわした。「どうせ変にゃ違いない、なにしろ六十以上になって、少しやきが回っているからね」』

ここからもわかるように「焼きが回る」とは、「頭の切れ味」が若い頃に比べて鈍くなることです。したがって若い人が、行動や考え方が鈍くなったからといって、「焼きが回った」とは言いません。

病治りて薬師忘る

やまいなおりてくすしわする

病気が治れば医者の有難さを忘れる。

「薬師」とは医者のことです。つまり、苦しいことを過ぎれば、困窮のときに助けてもらった恩義を忘れてしまうということです。病気になると医者を頼り、治してもらうと感謝をするのですが、健康になって何年か経つと、助けてもらったことを忘れてしまうというたとえです。

類句に「喉元過ぎれば熱さ忘れる」「雨晴れて笠を忘れる」があります。いずれも、困ったことが過ぎると、そのときのつらさやありがたみを忘れてしまうということです。

人間は、苦しいことや嫌なことを経験しても、時が経つと忘れることができるものです。病気のことをいつまでも覚えていると、かえって気持ちが落ち込みますし、再び健康を害することにもなりかねません。忘れることによって救われる一面があるということでしょう。

感謝は感謝、今は今と都合の良いように、割り切って考えても罰はあたりません。

酔いどれ怪我をせず《よいどれけがをせず》

酔っ払いは、足元がふらふらして危なげだが、案外怪我をしない。

雑念や邪心のない者は大きな失敗をしないというたとえです。酔っ払いは怖さを知らず、転んでも無理な防御をしないので、大きな怪我をしないで済むということから言われたことわざです。

酔ってふらふらしていると、力まず自然にまかせるので、小さな傷で済むのかもしれません。しかし、「酔いに十の損あり」ということわざでは、酒に酔って得することは一つもないと言っています。「十」は十割、全部という意味です。

反対に、「酒に十の得あり」ということわざもありますから、全部、損をするわけでもないようです。

「酒は百薬の長」「酒は百毒の長」。酒は良い面と悪い面があるので、自分自身でしっかりとコントロールし、その飲み方に注意しなければいけないということでしょう。

養生に身が痩せる

ようじょうにみがやせる

健康に気をつかいすぎて、かえって痩せてしまうこと。

健康を保つために、あれこれやりすぎると、逆に体調を悪くするというたとえです。どこも悪くないのに、病気になったときの費用などを心配しすぎると、痩せてしまうということを言っています。

それだけでなく、健康に良いからとあらゆるサプリメントを飲み続け、ルームランナーやエアロバイクなどの健康用具を買い込んで、必要以上に運動をする人がいます。健康になろうという強い意識が、かえって健康を害するという、皮肉な結果になってしまう場合もあります。

女性の中には、ダイエットしようとして、極端に食事を減らす人もいます。はたから見れば太っていないのに、本人はそうは思わず無理なダイエットを試みるのです。毎日、体重計の針を見るたびに、もっともっと痩せられると、むちゃをしていくようです。これなども「養生に身が痩せる」の現代版でしょう。

このことわざは、本当に健康な体になるためには、度を過ぎたことをしてはいけないと戒めているのです。

笑いは人の薬《わらいはひとのくすり》

適度に笑うことは、心身の健康にとって薬と同じように効果がある。

「笑う門には福来る」とも言います。いつも楽しそうに暮らしている家には、幸せが訪れるものであるということです。笑うと、血管がやわらかくなり、血圧を下げると共に、胸筋や心臓筋にも良い影響を与えてくれます。笑いのある楽しい心が、体の免疫力を高め、全身を生き生きとさせてくれます。また、笑うことは、脳のストレスを減らし脳を活性化させます。「この頃、笑わなくなったなぁ」と感じたときは、「脳の老化」が始まっていると考えてください。脳に柔軟性がなくなり、新しい刺激を取り入れようとしなくなるからだと言います。こうなると脳の成長が止まり、まだ年齢は若いのに、脳は老化を始めていると言えます。

　あなたが笑顔でいれば、周りの人も笑顔になります。笑顔は伝染するのです。自分自身だけでなく、周囲の人も健康にさせる「笑い」は何よりもすばらしい薬なのです。

五章

食・生活にまつわることわざ

青菜に塩《あおなにしお》

菜っ葉に塩をかけると、しおれることから、元気がなくしょげていることを言う。

青菜がしおれる様子と元気がない人間の様子が重なり、このことわざが生まれました。青菜がしおれるのは、塩の脱水作用のせいです。この原理を利用したのが「漬物」です。

一方、人間は塩ではなく、気が滅入ってくると元気がなくなります。「彼女は上司に叱られて、青菜に塩になってしまった」というように使われます。

最近はストレスから心療内科に通い、治療を受ける人が増えてきました。それだけ社会が不安定になり、人間関係が複雑になってきているのでしょう。傷つき易い人も多くなってきました。滅入ったときは、職場や住居の環境を変えることで解決することもありますし、何よりもがんばり過ぎないことが大事だと言われています。

少し疲れたなぁと思ったらまず休むことが一番大切です。人間も塩ならぬ、仕事の量加減が必要ということでしょう。

秋茄子嫁に食わすな《あきなすびよめにくわすな》

秋口の茄子はおいしいので、嫁に食わすなという、嫁いびりの言葉。

別の説として、姑が嫁の体を心配した言葉という説もあります。これは、秋茄子は体を冷す作用があり、また種が少ないので、子種が少なくなるからと、姑が心配して嫁に食べさせてはいけないとした、という意味です。

しかし茄子は、揚げ物、焼き物、炒め物、漬物とあらゆる料理に使われるほどおいしいものです。ですから、やはりこのことわざは、姑が嫁に意地悪をしたことから生まれたものであり、後者の「体を心配したことから生まれた」という説は、あとから言い伝えられたのだと考えられます。

人間はあらゆる欲にとりつかれます。中でも食欲はとりわけ強いもので、おいしいものは、家族でも取り合います。フランス人の家庭にお邪魔したとき、牛の骨髄で作るヨーグルト味のプリンを親子で取り合っていたのに出くわしました。牛一頭から少ししか取れない貴重なものです。日本ではここまでではありませんが、やはりおいしいものは、人に譲りたくないもののようです。

朝茶は七里帰っても飲め《あさちゃはしちりかえってものめ》

朝茶を飲むと、その日の災難からのがれることができる。

朝一杯のお茶を飲む余裕があれば、落ち着いた気持ちで出かけることができ、怪我をすることなく一日を過ごせるということです。あわてて外出をしてはいけないという戒めです。たしかに、慌ただしく出かけるときに限って忘れ物をしたりするものです。

「一里」とは距離の単位です。一里は約三・九キロ。お茶を飲み忘れて、二十七キロ以上歩いてしまっても、朝の一杯のお茶は大事なので、戻って飲むべきだと説いています。

緑茶にはビタミンCやカフェインなどが含まれており、疲労回復などの健康に役立つ要素がありますから、一日を健康に過ごすための、昔の人の知恵なのでしょう。

外出する際だけでなく、仕事に行き詰まった時や、口論になった時など、一杯のお茶で気分が落ち着き、良い展開に至る場合があります。

「お茶しない？」ふだん何気なく言っていることばの中に、深い意味が込められていることがわかります。

味無い物の煮え太り

あじないもののにえぶとり

世の中には良いものが少なく、くだらないものに限ってたくさんある。

「まずい物の煮太り」とも言います。煮物をしながら味見をしていると、「何か薄いわね」などと言いながら、調味料を足してしまいます。すると今度は味が濃くなってしまい、さらに具を足すことになり、いつのまにか量がどんどん増えてしまいます。その場その場で対処するやり方では、真心のこもった本物の料理はできません。

世の中もこれと同じように人も物も本物が少なく、つまらないものばかりが多く横行しているということです。

「味」とは、ずばり舌に触れたときの感じをいいます。味のある人とか、味わいのある物と言う場合は、「趣」、「面白み」、「不思議な魅力」、「一風変わったところ」、「気が利いていること」などの意味をさしています。

人間生まれてきたからには、「一味違う魅力」を備えている人間になりたいものです。「味もそっけもないね」と言われたら「味無い物の煮え太り」と言われたと解釈して、そうならないよう努力をしたいものです。

鮟鱇の待喰

あんこうのまちぐい

働かないで、ご馳走にだけありつく人間がいることのたとえ。

「あんこう」は保護色に包まれて、じっと海底に伏し、小魚が近づくと大きな口を開けて一気に飲み込みます。頭上の細長いヒレが、小魚を誘う餌の役目をしているため、動かずに食べ物を得ることができるのです。また飲み込んだ小魚は、その場では食べずに、砂の中にもぐってからゆっくり食べると言います。

この様子は、働かずに親のすねをかじって生活しているパラサイトのようであり、ニートと呼ばれる人たちのようでもあります。ただ待っているのではなく、一生懸命働いて汗をかき、自分の力で得たお給料で、誰に遠慮することなくおいしい食事ができることはとても幸せなことなのですが…。

でも、「あんこう」は人間さまの役に立っています。身がやわらかく、全体を余すところなく食べられるこの魚は、鍋にすると最高です。ですから「あんこう」にとっては、働かない人間と一緒にされてはさぞ心外なことだろうと思います。

いつも月夜に米の飯

いつもつきよにこめのめし

いつも結構ずくめの世の中であれば良いが、そうはいかない。

いつも夜は明るい月夜であり、毎日「米の飯」が食べられれば良いのだが、現実はそうはいかないということです。現代に置き換えれば、毎日が楽しく愉快な人生であれば良いのだが、そうはいかないのが世の常なのだということになります。

昔の庶民にとって、白米を食べることは大変なご馳走でした。毎日、米が食べられることは夢のような話でしたから、一生食べ続けても飽きることはないだろうと思われていたのです。

ところが今はどうでしょう。飽食の時代と言われ、レストランやコンビニ弁当の食べ残しが大量に捨てられています。もったいないを通り越して、世の中これで良いのだろうかと心配になります。

これからも、飽食の時代が続くとは限りません。いつでも食事への感謝の気持ちを忘れないようにしたいものです。

芋の煮えたもご存知ない

いものにえたもごぞんじない

世間知らずのおっとりした人を皮肉って言う。

江戸時代のカルタに使われていたことわざですから、かなり古くからあるものです。芋が煮えたのか煮えないのかさえわからない、若殿さまやお姫さまの無知を笑ったことから生まれました。上流の家庭に育った人の世間知らずを皮肉ったものです。芋は古くは奈良朝の「山芋」から江戸後期の「じゃが芋」まで、日本人にはなじみの深いありふれた食べ物です。このことわざに登場する芋は、庶民の誰もが食べることのできた「里芋」をさしています。甘く煮た里芋を串に刺し、子供のおやつとしても食べたようです。のどかな江戸の町の風景が思い浮かばれます。

現代でも、世間知らずの人はいるものです。新聞も読まずニュースも聞かず、社会のことを何も知らない人がいます。はなから関心がないのでしょう。おっとりしているのは良いのですが、社会の常識を知らずに過ごしていると、進んでいる世の中に取り残されてしまうことになります。

梅は食うとも核食うな《うめはくうともさねくうな》

青梅の核には毒があるので食べてはいけない、という戒め。

「梅はその日の難のがれ」ということわざもあり、その薬効から朝、梅干を食べると、その日一日災難をのがれると信じられてきました。一般的に知られている薬効に、殺菌力と解熱作用があります。お弁当の中に梅干を一つ入れるとご飯の腐敗を防ぐことになり、黒焼きにした梅干を熱湯に入れて飲めば、熱を下げる効果があると言われています。

しかし、青梅の核にはアミグダリンという青酸配糖体が含まれていて、砕けると酵素分解により有害な青酸を生じることから、食べ過ぎると腹痛を起こすと言われています。

なおこのことわざは下の句が続きます。

「梅は食うとも核食うな、中に天神寝てござる」。天神とは菅原道真公をさし、道真公が梅を愛した故事から生まれました。「梅の核を噛み破れば字を忘れる」とも言われます。天神さまは勉学の神として崇められ、今でも多くの受験生が参拝に訪れます。その天神さまを食べては罰があたるということでしょう。

海老で鯛を釣る

えびでたいをつる

わずかな元手で、大きな利益を得る。

小さな海老を餌に、大きな鯛を釣ることから生まれたことわざです。類句に「雑魚で鯛釣る」「麦飯で鯉を釣る」があります。

バレンタインの日にチョコレートをプレゼントして、ホワイトデーに高級バッグを買ってもらう女性がいます。これも、海老で鯛を釣るということです。

男性の中にもこうしたことが上手な人がいます。日頃からまめに社長に取り入り、気に入られて出世するのです。ゴルフのお供のとき、毎回、車の運転手役を買って出て、社長の遠い自宅まで送迎した結果、管理職を射止めた人がいました。運転というわずかな労力で鯛を釣ったのです。

このようにうまく成功すれば良いのですが、中には高級バッグ（鯛）を狙ってチョコ（海老）をあげたのは良いけれど、何もお返しがなかったとか、少ない元手で大儲けをしようと賭け事をやったところ、逆に負けてしまい借金を作ってしまったということさえあります。海老で鯛を釣る策略も、思い通りにはいかないもの。気をつけた方がよろしいようです。

大きな大根辛くなし

おおきなだいこんからくなし

大きな大根がピリッとした辛味がないのと同じで、大柄な人間は比較的茫洋としている。

このことわざは、ある男が、小さな大根の「おろし」を食べたところ、飛びあがるほど辛味がきついのに驚き、大きな大根はもっと辛いだろうと恐る恐る一口食べてみると、辛くなく甘味さえあったということから生まれました。

これを人間にたとえ、大柄な人はピリッとしたところがない上、掴みどころがないので、どこか間が抜けているものだと言ったものです。

しかし、大柄な人すべてが、茫洋としているわけではありません。おそらく、昔の日本人は小柄な人が多かったので、大きい人を見るとのんびりしているように感じたのでしょう。

我々人間も、小さな大根のようにピリッとする時と、大きな大根のように心豊かに鷹揚に構える時を上手に使い分けたいものです。

火中《かちゅう》の栗《くり》を拾《ひろ》う

他人の利益のために困難なことに手を出す。

このことわざは、イソップの寓話から出たフランスの古いことわざです。

悪知恵にたけた猿が、猫をおだてていろりの中で焼けている栗を拾わせ、猫が大やけどをしたという話から生まれたものです。

自分のためにならないのに、他人の困った事態を収拾するために、介入することを言っています。「きみのことではないのに、なぜ火中の栗を拾うようなことをするのだ」という具合に使います。

人間社会では、男気を出して「わかった、俺がなんとか解決してやろう」などと困難なことに乗りだしてしまうことを言います。周囲はよせばいいのにと、ハラハラするのですが、当人は、うまく解決したときの栄誉を考え、あえて危険なことでも手を出してしまいます。

成功すれば「さすが！」などとおだてられますが、失敗に終わった時は、「だから他人のために、余計なことはしない方が良かったのに」と言われてしまいます。

蟹の横這い《かにのよこばい》

他人からは不自由そうに見えても、本人にとっては自由である。

蟹は横に歩くので、はたから見ると不自由そうに映ることから言われたことわざです。「人は人、自分は自分、余計な口出しはしないこと」という戒めです。

「夏の日にあな苦しやと、旅人の横ばいにして登る蟹坂」という俗曲があります。坂を真っ直ぐ登るのが苦しいので、蟹歩きのように、坂を左右に移動しながら登る様子をいったものです。時間はかかりますが、その方が当人にとっては楽なのです。

よく孫の子育てなどに、あれこれ注文をつける姑がいます。孫の面倒はその子供の両親に任せれば良いのですが、自分の経験からつい余計な口出しをしてしまいます。姑から見れば遠回りに見えるやり方でも、当の母親にとっては最良の方法なのですが、心配して口をはさんでしまいます。

このように、子育てや勉強、仕事の仕方も「蟹の横這い」で進める人がいます。他人からは違うと思われることでも、本人にとっては一番の方法なのです。人それぞれのやり方があるのですから、口出しはしないことです。

鴨が葱を背負って来る

かもがねぎをしょってくる

うまいことが重なって、非常に好都合であることのたとえ。

鴨鍋に必要な鴨が、おあつらえ向きに、葱まで背負ってやってくるということです。しかし、鴨が葱を背負うわけがありませんから、お人好しが人に利益を与える材料をそろえてやってくることをたとえています。

俗に「カモにする」とか「いいカモだ」などと言います。前者は騙されやすい人物をさし、後者は勝負ごとなどで、負かせやすい人物を言います。こうした言い方は、肉づきの良い、でっぷりとした鴨の体のイメージから、金を持っていそうな人物を重ね合わせたのだろう考えられています。「鴨を獲る」すなわち「金を取る」なのです。

ところで、昔から、なぜ「鴨鍋」には、葱が必要だと言われてきたのでしょう?

それは、鴨は雁や鶴と同じく渡り鳥の野鳥だからです。野鳥の肉は特有の臭みやクセがあります。そこで先人たちは、柔らかくて甘味のある冬ネギを配して中和させ、鴨肉と葱との相乗的なうまさを引き出したのです。昔の人の味覚センスはさすがだと感心してしまいます。

腐っても鯛

くさってもたい

優れた素質や価値を持つ者は、どんなに悪い状態でも値打ちを失わない。

鯛は海底に近い岩礁地帯に棲み、強い水圧を受けているせいか、肉細胞の外膜が頑丈にできています。水揚げされたあと、少々の細菌が取りついても、なかなか腐らないのです。イワシやサンマのように海の上層を回遊する魚と違い、肉質中の水分が少ないため腐敗菌が繁殖しにくいからだと言います。そのため少し傷んできても、塩を強くした焼き物や味を濃くした煮物にすれば食べられるのです。その上、姿、形、色の品格が良いことから、「腐っても鯛」と呼ばれたのだと考えられます。

これを人間社会にたとえると、「あの人は引退したが、腐っても鯛、まだまだ彼の研究に勝るものはない」というような使われ方をします。

真に価値のあるものは、どんなに落ちぶれた状況でも、ぼろをまとっていても、その値打ちは変わらないというものです。

食わず嫌い《くわずぎらい》

食べてもみないで嫌いだと決めつけること。

　やってもみないのに、先入観だけで嫌ってはいけないという戒めです。人間の経験は案外狭いものですから、自分の感情だけで物事を判断しては、ますます狭量の人間になってしまいます。

「あの人はどうも苦手だ」などと、話もしたことがないのに避けてしまうことがありますが、これでは交際範囲も狭くなり、社会との広がりを持てなくなってしまいます。

　人間関係だけでなく、仕事や趣味…といったことにも「食わず嫌い」は使われます。「食わず嫌いですが、私には営業は絶対に向いていないと思う」とか「邦画は食わず嫌いでどうしても好きになれない」などというふうに使われます。

　そして、もちろん本来の意味の食べ物でも使われます。子供の偏食などによく見られますが、中には大人になっても「これだけはダメ！」と食べてみる前から苦手意識が強く「食わず嫌い」な人がいます。実際には、一口食べれば「おいしい！」と思うものでも「食わない」のですから、少しだけ損をしているような気がします。

下戸は上戸の被官《げこはじょうこのひかん》

酒の席では、酒を飲めない者は酒飲みの家来になってしまう。

酒の飲めない者が、酔っ払いの面倒を見ることを言います。酒飲みはいい気分になって気焔をあげますが、飲めない者はまるで家来のようにおとなしくしていることから生まれたことわざです。

「下戸」とは酒の飲めない人のことを言い、「上戸」は反対に飲める人を言います。「被官」は、上官に仕える下級の官僚のことです。

文武天皇の大宝元年（七百一）の律令制で、住民は、「大戸」・「上戸」・「中戸」・「下戸」の四等戸に制定されました。「戸」は課税などの最小単位で、家族の人数により、四等戸に分けられていたのです。上戸は六人から八人、下戸は三人以下でした。

婚礼時など、特別な行事のときにあてがわれる酒の量が、上戸は酒八瓶、下戸はわずか二瓶であったことから、飲めない人を下戸と呼ぶようになったのです。千三百年前の先人の下戸たちは、飲めないのではなく、実は飲みたくても飲めなかったのだということになりそうです。

けちん坊の柿の種《けちんぼうのかきのたね》

けちはつまらない物にでも執着して手離さない。

上方では「吝ん坊の柿の種」（しわんぼうのかきのたね）と言います。しみったれという意味の「吝い」（しわい）から転じたものです。「けち」は江戸語で、「けちな野郎だ」などと使うように、いまいましい様子を言っています。

袖から手を出すのも、目に入った塵も、自分のものは一切出さない人がいたことから、このことわざが生まれました。けちな人はどんなものでも惜しがって、柿の実を食べたあとの種さえ捨てようとしないということです。

あらゆる不用品をしまい込み、最後はゴミの山となり、ご近所から抗議を受けた家もあります。生活における節約は大いに結構ですが、物の執着は、行き過ぎるとけちと思われてしまいます。

また、お金の扱いについてはとくに気をつけなければなりません。お祝い事などの大事な場面で、あからさまに出し惜しみをすると、その後のおつき合いにも響いてきます。

米食った犬が叩かれずに糠食った犬が叩かれる

こめくったいぬがたたかれずにぬかくったいぬがたたかれる

大きな悪事を犯した者は罪をのがれて、少しの罪が罰せられる。

主犯は罪をのがれて、少しだけ関わりをもった者が罰をくうたとえです。役人の収賄などで、大物はのがれて課長補佐クラスが罰せられるということがあります。「背後に指示した者がいるはずだ」と思っても、なんとなく一件落着してしまうのです。「雑魚ばかりが網にかかる」「皿なめた猫が科をくう」といった類句があります。いずれも世の中の「裁き」に対する不公平さを言ったものです。

職場のリーダーの指示通りに仕事をしたのに、その指示が間違っていたことから、いつの間にか自分だけが悪者にされ、リーダーには何のお咎めもなかったという例があります。また、会社の忘年会で、「予算はあるからもう一品追加しておいて」と幹事に指示され、料理を追加したところ予算オーバー。参加者全員から文句を言われた上、幹事に抗議しても「言っていない」と言うばかり。泣く泣く自分の小遣いから補てんしたそうです。

このように、「米食った犬が叩かれずに、糠食った犬が叩かれる」という事態に陥らないように、状況をしっかりと把握して、信用できない人と関わってはいけないということでしょう。

酒買って尻切られる

さけかってしりきられる

好意でしたことが、かえって仇をされること。

酒をご馳走したのに、その相手に酔ってからまれ乱暴されることから、好意でしたことで、かえって被害を被むることをたとえています。

酒癖の悪い人はいるもので、飲まないときは温厚で良い人なのですが、酒が入るとがらりと態度の変わる人がいます。こういう人は、自分がどう酔って、どうからんだのか覚えていないのです。飲むときは、相手の酒癖をよく知っておく必要があります。

「酒が酒を飲む」「酒が言わせる悪口雑言」「酒極まって乱となる」などのように、酒にまつわることわざはたくさんあります。酒飲みは酔えば酔うほどさらに大酒を飲み、大声で言いたいことを言ったあとは、喧嘩が始まるということを言っています。

また「酒と朝寝は貧乏の近道」は、夜遅くまで酒を飲み、朝寝をして仕事を怠れば貧乏になるという戒めです。「酒は飲むとも飲まるるな」は酔いすぎて本心を失うなという意味です。いずれも、酒飲みにとっては頭の痛いことわざです。

三度の飯もこわし柔かし

さんどのめしもこわしやわらかし

ものごとはなかなか自分の思うようにはならないことのたとえ。

「みたびたく飯さえこわしやわらかし、思うままにならぬ世の中」という俗曲から生まれたことわざです。

今ではコンピューター制御の電気釜でおいしいご飯を炊けますが、江戸時代の昔はかまどに薪をくべて炊いていましたから、毎日炊くご飯も、火加減により固くなったり柔らかくなったりしたのでしょう。

レストランやお弁当屋さんもない時代のことです。食事は三度三度、ご飯を炊いて食べるしかなかったのです。当時の主婦はさぞ大変だったろうと想像できます。

現代では、ハイテクのおかげでご飯はいつでもふっくら、思い通りに炊けるようになりました。しかし、人間はそうはいきません。毎度毎度のことでも必ずうまくいくとは限らないのです。

「三度の飯もこわし柔かし」。思い通りにはいかなくても、地味に努力を重ねて、自分の思う道を歩んで行くしかなさそうです。

塩辛食ぉうとて水を飲む

しおからくおうとてみずをのむ

手まわしが良すぎて、ものごとの順序があべこべになること。

塩辛を食べると、のどが渇くだろうからと、前もって水を飲むということから伝えられました。

前もって水を飲んで塩辛を食べたら、のどが渇かないということはありませんから、目的と手段が前後して、かえって無駄になることを言っています。

手回しが早くて失敗することは、日常生活でもよくあります。今夜はすき焼きにしようと、早々とお肉を買ってきたのは良いのですが、すき焼き鍋をどこにしまったのかわからなくなり食べることができなかったとか、家族で海外旅行を計画し、出発の一週間前から着替えや常備薬、パスポートなどの確認をしていたのはいいけれど、直前になってそれらを詰める旅行カバンを用意していなかったことに気がつき大慌てをする、というようなことがあります。

あまり先に先に考えすぎると、何かを見落とすことがあるのかもしれません。物事は順序を良く考えてから行動しないと失敗をするという戒めです。

据え膳食わぬは男の恥

すえぜんくわぬはおとこのはじ

女性が積極的に誘っているのに、それに応じないのは男の恥である。

「据え膳」とは、すぐ食べることができるように料理を整えてある食台のことです。昔の食事は、一人一人の前にお膳が用意されていました。「上げ膳据え膳」ともいい、お客様を座らせたまま、給仕をしてもてなしをすることを言います。このように、「優遇されているにもかかわらず料理を食べないのは失礼である」ということから、このことわざが生まれました。

元来受身であるべき女性の方から、積極的に持ちかけられた愛情を受けないのは、女性に恥をかかせることになり、男の面目にかかわるということなのです。類句に「据え膳とふぐ汁食わぬは男の内ではない」があります。江戸時代の世で、女性の方から男性を誘うのは大変珍しく、女性にとって勇気のいることでしたから、それを断って女性に恥をかかせるということは、男の恥、ということなのでしょう。

現代では、積極的に男性にアプローチをかける女性も珍しいことではなくなり、せっかくの「据え膳」も断る男性がいるようです。「男の恥」の捉え方も変わってきたと言えます。

蕎麦の花も一盛り《そばのはなもひとさかり》

娘はみな、年頃になると相応の魅力が出て美しくなる。

蕎麦の花は特別にきれいではありませんが、それでも群れをなして花盛りになると見事なものになります。そのことから、年頃になるとどんな娘でも美しくなるとたとえています。類句に「薊の花も一盛り」（あざみのはなもひとさかり）があります。

美人かどうかは、人によってその判断が分かれるところですが、若さというものは、みな一様に美しいものです。肌のツヤ、目の輝き、爽やかな身のこなし、どれをとっても若いときにしかない魅力です。

「鬼も十八番茶も出花」ということわざもあります。鬼の娘でも十八の年頃になれば、可愛気が出るように、安い番茶も最初の一杯は香りも良く、味も一番良いものだとたとえています。

しかし最近では、その一番良い時期を無駄に過ごしている娘たちが実に多いような気がします。

棚から牡丹餅《たなからぼたもち》

思いがけない幸運が転がり込んでくることのたとえ。

棚の下で寝転んでいたところ、牡丹餅が落ちてきて、開いていた口にすとんと入ったということから伝えられたものです。「開いた口へ牡丹餅」とも言います。

人間の運はわからないもので、たった一枚買った宝くじが当選して一億円が転がり込んだという人もいれば、お年玉つき年賀はがきの一等ハワイ旅行が二枚も当選したという人もいました。

どうやら「棚から牡丹餅」は欲のない人物に転がり込んでくるようです。「どうぞ当たりますように」と宝くじを神棚に置き、何度お願いをしても「幸運」はこないようです。つまり、幸運は意識していないところへ、突然訪れるものだということなのでしょう。

しかしそうは言っても、人間は欲深いものです。「何か良いことが起きないかなぁ」と思ってしまうのは仕方ないことなのでしょう。それは、人間の持って生まれた「業」なのかもしれません。

卵の殻で海を渡る《たまごのからでうみをわたる》

やってもできないことのたとえ。

やってもできないこと、また非常に危ないことをするたとえにもなっています。

しかし「為す者は常に成り、行う者は常に至る」「成せば成る、成さねば成らぬ何事も、成らぬは人の為さぬなりけり」ということわざもあり、ものごとはやってみなければ何もできない、その気になればできないことはないのだと言っていますから、無駄と思っても行動してみることは良いことなのでしょう。「お前の頭で医者になろうなんて、卵の殻で海を渡るようなものだ」という使い方は間違いです。もしそのとき勉強が苦手でも、努力をすれば医者でも弁護士でもなれるのです。

ただし、このことわざのように、明らかに危険をともなう行動は無謀であり、ばかげています。努力をすれば何とかできるものと、絶対にできないものとを区別しなければいけません。

そう考えますと、「卵の殻で海を渡る」は、人間社会ではあり得ないようなことについてたとえているようです。「できもしない、ばかばかしい空想でホラを吹いてはいけない」ということでしょう。

漬物誉めれば嬶誉める《つけものほめればかかあほめる》

漬物は主婦そのものを誉めることだから、やたらに誉めてはいけない。

漬物はそれぞれの家庭の、主婦の腕の見せ所で、その味を誉めるのは主婦を誉めるのと同じことになるので、あまり誉めすぎると亭主が焼きもちをやくから気をつけた方が良いというものです。「漬物上手は所帯持ち上手」と言います。日本の食卓に漬物は欠かせないものです。上手に漬物を作る主婦は、円満な家庭を築くことができると言われたものです。

日本の漬物の歴史は古く、今から二千年以上前の景行天皇の時代に、すでに塩漬けの保存食があったようです。しかし最近では、スーパーなどで買い求めてしまう人が多いようです。

友人のお宅で出された漬物があまりにもおいしくて、誉めたたえたことがあります。ご主人が焼きもちをやくことはありませんでしたが、その後またそのお宅でごちそうになったところ、今度の漬物の味は以前とは程遠いものでした。そのことを正直に話すと、友人の妻は「実はスーパーが変わったから」と言うではありませんか。以前の漬物も、スーパーで買ったものだったとは…。最近では、「漬物誉めればスーパー誉める」ことになってしまうようです。

手前味噌で塩が辛い

てまえみそでしおがからい

自分のことを得意気に自慢すること。

自分で作った味噌なら、多少塩辛くてもうまいと思うこと。自画自賛することを言っています。

「手前味噌」という言葉は、今日でも広く使われていますが、案外、この言葉の由来を知らない人が多いかもしれません。

昔は、家で作る味噌を「うち味噌」と言い、買う味噌を「買い味噌」と呼んでいました。味噌を買うのはその家の貧しさを示すものとして、農村では、これを恥としていたのです。その家の伝統の味を仕込み、味噌樽を何本も貯蔵して置くのが自慢の種だったからです。味噌を作るにはそれなりの余裕がなければできなかったということなのでしょう。

味噌は高級品で、平安時代は味噌醸造家が宮廷や寺院に納め、特別な人だけが食べていました。一般に庶民が味噌を食べるようになったのは、室町時代以降のことだと言われています。もちろん自家製でしたから、それぞれの地方の風土や嗜好に合ったものが生まれ、そこから「手前味噌」と呼ばれるようになったのです。「手前味噌ですが、良いものができました」などと自作の陶芸品などを自慢するようなときに使われる言葉です。

豆腐も煮ればしまる

とうふもにればしまる

しまりのないだらしない人でも、苦労すればしっかりしてくる。

柔らかい豆腐でも煮しめれば多少は固くなることから言われたことわざです。

このことわざは、「ふだん能天気で過ごしている人は、少しくらい苦労して世の中を知りなさい」と言っています。人間はだらだらとしまりのない生活をしていると、それが当たり前のようになり、いつしか堕落してしまいます。何か目的を見つけてそれに立ち向かって行く強い精神力が必要です。

「若い時の苦労は買うてもせよ」と言いますから、人間は苦労しなければ一人前にはならないということでしょう。

日米中韓の四か国の中で、日本の高校生は学校の成績や進学への関心度が最も低いという実態が明らかになりました（文部科学省所管・教育機関発表）。この調査は七千二百人を対象にしたものですが、勉強ができるようになりたいと思っている生徒は、米中韓は七十％以上。日本は三十三％に過ぎなかったのです。日本の将来を担う若者たちはどう煮ればしまるのでしょうか。「煮てもしまらない」などということだけには、なって欲しくないものです。

七皿食うて鮫臭い

ななさらくうてさめくさい

さんざん食べておいて、まずいと苦情を言う。

七皿も食べたあげくに、この料理はまずいと文句を言う人をさしています。

「鮫の肉」はやわらかいのですが、臭みがあるので嫌われ、大抵はかまぼこの材料に使われています。類句に「下種のそしり食い」（げすのそしりぐい）ということわざがあります。下種とは愚かで卑しい人間をさしています。そしりは、「謗り」と書き、他人をけなし非難することを言います。つまり、心の卑しい人間は、他人の好意のご馳走を身勝手な発言で、けなすということです。

世の中には、案外こういう人はいるもので、最初はおいしいと言って食べておきながら、食べ終わってから「ちょっと味が薄かった」とか「よく煮えていなかった」などと言います。本人はただ感想を言っているつもりで、悪意はないのかもしれませんが、こうした不用意な発言が、楽しい時間を台無しにしてしまうのです。

せっかくのお料理をけなす、下種な人間にはなりたくないものです。

煮ても焼いても食えない《にてもやいてもくえない》

どうにも扱いようがなく、手に負えない様子を言う。

類句に「煮ても焼いても食われぬものは、姑婆と栗の毬」というのがあります。毬（いが）はトゲのある皮の殻をさしています。食べ物なら、煮るか焼くかをすれば食べられるはずなのに、どう料理しても食べられないものがあることから生まれたことわざです。

「何を教えても覚えることをしなくて、煮ても焼いても食えないやつだ」というように使われます。また、掴みどころがなく、「にっちもさっち（二進も三進）も行かない人」がいます。（二進、三進は、そろばんの割り算の用語）。この意味は、どうにもこうにも、やりくりがつかず前に進まないことを言っています。

周囲にこういう人物がいると困ったことになりますが、親切な人は何とかしてあげたいと考えます。「この方法ならいいだろう」とか、「こちらの方法ならわかるだろう」と、あの手この手をその人のために教えてあげるのですが、肝心の本人にやる気がないのではどうしようもありません。

最後は「煮ても焼いても食えない」ということになります。

花より団子《はなよりだんご》

風流なことよりも、実質的な利益につながるもののほうが良い。

「江戸いろはカルタ」に出てくることわざです。花の美しさを楽しむより、お腹がいっぱいになる団子のほうがありがたいという意味です。

江戸時代の団子は米やきびなどをまぶして作ったもので、庶民の大好物の一つでした。この時代から、花見は桜の木の下で酒を飲み、ご馳走を食べ、良い気分で踊ったりするものだったようです。

今でも桜が開花すると、早々と席取りをして大騒ぎをする人たちがいます。桜を愛でるという風流を名目にして、飲んだり食べたりするのは、昔も今も変わらないということでしょう。

ほかにも美術館などで、展示物をさっさと見て回ったあとに、のんびりとケーキを食べながら「私は、花より団子だわ」などと話している女性を見かけます。実のところ、こちらのほうが楽しみという人も多いようです。

枇杷が黄色くなると医者が忙しくなる

びわがきいろくなるといしゃがいそがしくなる

枇杷の実が色づくころになると、病人が増えて医者が忙しくなる。

枇杷は、バラ科の常緑高木で、十一月頃白い花が咲き、翌年の初夏に卵型の実がなります。

昔はどの家の庭先でも見られた枇杷ですが、現在ではスーパーや果物屋さんでしかお目にかかれなくなりました。温室栽培の発展で、野菜や果物の季節感がなくなってきている中、初夏の薫りを感じさせてくれる数少ない果物の一つになっています。

このことわざは、枇杷が色づく頃（初夏）は体調を崩す人が多いので、秋冬よりも病人が増え、医者が忙しくなるというものです。

反対に「蜜柑が黄色くなると医者が青くなる」「柚が色づくと医者が青くなる」ということわざがあります。秋になって病人が少なくなり、医者の収入が減るので大変だということです。

河豚は食いたし命は惜しし

ふぐはくいたしいのちはおしし

うまいふぐ料理は食べたいが、毒のことを思うと手が出ない。

「快楽は得たいが、隣り合わせの危険やあとのたたりも怖い」と、ためらうことのたとえです。良いことは両立しないという戒めです。

芭蕉の句に「河豚汁や鯛もあるのに無分別、あら何ともなや昨日は過ぎて河豚汁」があります。芭蕉もふぐの毒を気にしていたことが伺えます。

昔はふぐを食べることは命がけの冒険であり、江戸時代には、ふぐ中毒で毎年数百人の死者が出たと言います。毒成分のテトロドトキシンは猛毒と言われ、今はふぐの調理師免許を持たない者は、調理をしてはいけないことになっています。

寺島良安なる人物が「喉元三寸、暫しの口味になづんで、身命を賭にするのは、あたかも有夫有婦が姦通するときの心持ちとその趣きは一緒である」と言っています。不倫とふぐを食べる決心は同じであると複雑な心境をたとえています。

ふぐは危険なく食べられる時代になりましたが、危険なのは人の快楽への欲望です。いっときの迷いが命とりになりかねません。

六章

新しいことわざ

二十一世紀の言葉を取り入れて
創作した次世代のことわざ。

挨拶は地方からやってくる

【挨拶のことばが方言化していること】

「挨拶ことば」も時代とともに変わり、方言を利用した新しい挨拶が生まれてきていることをたとえています。

東京近辺の女子高生たちの間で使われている朝の挨拶に「おはよごし」があります。青森弁で「おはようございます」という意味だそうです。岩手弁の「おひんなり」、沖縄弁の「うきみそらうちぃ」を使っている人たちもいると言います。

昔は都会の人間が方言をあえて使うと、地方の人をからかっているとか、ばかにしていると言われたものです。しかし今はまったくその逆で、方言の持つ温かさを欲しがる都会人が増えてきているのです。共通語の気取った挨拶が硬い印象を持たれるのと違い、方言には独特の優しさや思いやりがあります。女子高生たちは、その方言を巧みに自分たちのものにして、親密な人間関係を構築しています。

この現象を受けて、地方から都会に出てきた若者たちも、無理に共通語を使わずに、自分が育った田舎のことばで接するようになってきています。

イケメンはいーかんじ

【女性が格好いい男性を誉めるときに使うことば】

「イケメン」はイケてる男、いい男といった意味になります。

関西弁の「いけてる」（かっこいい）が語源とされています。「私、彼氏できたんやでー」「えっ、どんなんひと?」「むっちゃいけてんでー」というように使われます。これに英語の「MEN」（男）と「面」（顔）をかけてつけたのが、イケメンです。今は若者たちだけでなく大人も使っているようですから、日本語として定着していることばと言えます。

「いーかんじ」は「良い感じ」なのですが、アクセントは「い」にアクセントをおかず、平板に言います。具体的にどこがというわけではなく、全体の雰囲気が良いときに使う誉めことばです。

これに対して、「ブサイケ」があります。見た目は「不細工な男性」なのですが、「知識が豊富にある」、「会話が面白い」といった長所があると、加点法で計算されて、「ブサイクだけどイケてる」（女性にモテる）男性になるのだそうです。

一にニート、二にフリーター
三、四がなくて五に派遣

【現代の仕事に関する社会問題のたとえ】

「ニート」は、Not in Employment, Education, or Traning の略です。学校にも行かず、仕事もしない人をさしていますが、一口にニートと言っても、「享楽的で、今が楽しければ良い人」「社会との関係を築けずこもってしまう人」「仕事に自信をなくした人」など様々なようです。

また、「フリーター」は、アルバイトやパートタイマーなどの雇用条件のもとに不安定な生計を立てている人です。「派遣社員」も正社員ではありませんから、不安定要素が多々あります。とくに賃金は、正社員の六割という統計が出ています（厚生労働省調査）。

昔は就職すれば一つの会社に定年まで勤めることが当たり前とされていました。しかし今は、こうした終身雇用制度がなくなり、仕事に対する考え方も変わってきました。転職をしたり、離職をしたりと目まぐるしく動いています。その背景の中で「ニート」と呼ばれるような人たちが増えていることは残念なことです。

【〝わずらわしい〟という意味の若者ことば】

「わずらわしい、面倒くさい、邪魔だ」という意味の「ことばの変化」を表しています。元々の「わずらわしい」から、「うざったらしい」に変形したのは今から三十年前。その約十年後には、「うざったい」と簡略され、現在では、「ざったい」か「ざい」が主流になっているようです。

母親が娘や息子に、「お弁当は持ったの?」と注意すると、「ざい!」と答えます。彼らは「もう子供じゃないんだから、そんなことをいちいち言わないでよ」と心の中で言っているのですが、母親は「何が〝ざい!〟よ」と反論します。すると今度は「だから、うぜーって言ってるじゃん」と妙な解説をします。

このように昔から若者たちは新たに造語をして表現してきました。六〇年代後半から七〇年代のラジオの深夜放送全盛時代には、「リクエストはがき」に様々な造語が寄せられていました。「おはようなら」は、おはようとさようならを、「おひさたしています」は、おひさしぶりと、こぶさたしていますを一緒にしています。これを作った当時の若者は、今、五十代後半から六十代のお父さん、お母さんになっています。

うざったい、うざい、うぜー
ざったい、ざい

お宅にオタクパパ

【学生時代にオタクと呼ばれていた人が結婚してもオタクでいること】

「オタク」は、生活時間や収入のほとんどを趣味に費やし、自室にこもりがちな人をさしていうことばです。「オタパパ」はオタク系のパパの略。オタクと言われていた若者が結婚して子供ができてもオタクであり続け、自分の子供と一緒にフィギュア集めなどに熱中していることをたとえています。

一九八〇年代に、漫画専門店にたむろする常連客が、「お宅は?」と聞いていたことからヒントを得て、当時、若手のライターだったコラムニストの中森明夫氏が「お宅」という言葉を作りました。当時は根暗(ネクラ)ということばが流行っていたのですが、それに代わることばとして発展していったそうです。最初は漢字の「お宅」、つぎに平仮名で「おたく」、現在はカタカナで「オタク」と表しています。

カタカナの「オタク」になってからは、部屋にとじこもっている暗いイメージから、オタクの聖地アキハバラなどへ外出もする、活動的なイメージへと変わりつつあります。「オタパパ」も子供と一緒に外出して、趣味の範囲を広げているようです。

オヤジ入って、ばばシャツ着てる

【若いのに言動が古くさく、中年婦人が着用している肌着を着ていること】

「オヤジ臭い」つまり、しぐさや行動が中年男性に似ているという意味になります。若い女性が食事をしたあと楊枝をくわえると、「いやだ、オヤジ入ってる」という具合に使います。

「ばばシャツ」は「おばシャツ」とも言います。「コートなしで寒くない?」「大丈夫、ばばシャツしっかり着ているから」。ベージュや薄いピンクの婦人用肌着を、若い女性が着ているときに使われることばです。

十年前に「おやじギャル」という言葉が流行って以来、たしかに「オヤジが入ってる」若い女性が増えたような気がします。立ちタバコにくわえタバコ、居酒屋で焼酎、定食屋で一人どんぶり飯など、以前には見られなかった女性の行動が目につきます。

頼もしく感じるときはあるのですが、いつも「オヤジが入ってる」と、何だか本物のオヤジたちにとっては、自分を見ているようで複雑な気持ちになります。

カスタネットを足で奏でる

【女性が歩く時に鳴るヒールの音がカスタネットに似ているさまを言う】

打楽器の一つであるカスタネットは、気軽に楽しめる小さな楽器です。その音と同じような音を立てて歩く女性を「カスタネット娘」と呼んでいるそうです。「カンカン娘」と言う場合もあるようです。ミュールという女性の履く「つっかけ」風サンダルが、その音の元です。

歩く度に、いったん浮いたかかとが着地するときに、ヒール部分を地面に打ちつけるので、大きな音が出ます。ことに、駅の階段やエスカレーター、コンクリートの道などでは、数人が同時に歩くと大変にぎやかになります。

歩きにくいのではないかと思うのですが、ミュールは簡単につっかけることができるので、春から夏にかけて履く女性が多いようです。しかし、少し前の厚底サンダルも今は昔。これも流行ですから、やがて飽きて履かなくなってしまうのでしょう。

さて、今度はどんな履物が流行るのでしょうか。

ガチで勝負は本気で勝負

【物事に対し、真剣に本気で取り組むこと】

真面目に物事を行うことや体験したことに対して「マジ」とか「マジでビビッた」と言っていた若者たちが、最近は「ガチ」ということばを言うようになってきました。「ガチ」は相撲や格闘技などの世界で言う「ガチンコ」から生まれたことばです。

ガチンコはぶつかり合う様子を表したもので、真剣勝負のことを意味します。最初は「ガチで勝負する」と言うように勝負ごとに使われていましたが、徐々に若者たちに広がり、真剣な気持ちになったときや、本気になったときのことばとして使われ始めたのです。

「塾でガチ勉強した」「彼氏をガチ好きになった」「ガチでゲーセンやったから金がないよ」とあらゆる場面で登場します。「塾で真剣に勉強した」「彼氏を本気で好きになった」「ゲームセンターでゲームに熱中しすぎて、お金がなくなってしまった」と言っています。

大人から見れば、とんでもない日本語のように思いますが、意味を知ると案外面白いものです。

キダルトで青春

【大人なのに、子供の心を持ち続けていること】

「キダルト」は、オーストラリアから生まれた造語だと言われています。子供（Ｋｉｄ）大人（Ａｄｕｌｔ）の合成語で、大人になっても子供の気持ちで生活している人たちをさしています。

日本でもフリルのついたスカートをはき、髪にリボンをつけている大人の女性を見かけることがあります。後ろ姿だけを見ると少女なのですが、前から見ると大人なのでびっくりすることがあります。

そういえば以前、居酒屋で女子高生数人が生ビールを飲んでいるのに出くわしたことがあります。驚いて注意をしようと近寄ったところ、高校生ではなく、二十代の女性だったということがありました。「制服ファッション」だと言うのです。女子高生の制服に似た服装で、紺色の丈の短いスカートに白のブラウス、ネクタイまでつけているのですから、高校生と間違えたのも無理はありません。

「コスプレ」（コスチュームプレイ）といって、アニメやマンガのキャラクターの服装を真似ている女性もいますが、これも「キダルト」の一種なのかもしれません。

キャラリングで世渡り上手

【性格や人格をそれぞれ使い分けて世間を渡ること】

「キャラ」は人間の性格や人格を意味する英語のキャラクターを略したことばです。「キャラリングで世渡り上手」とは、一人の人物がその場の状況を読みとって、様々なキャラクターに変身することを言っています。

高校生になったばかりの知人の娘さんを紹介されたことがあります。礼儀正しい女の子で、「いつも父がお世話になっています」と制服姿でおしとやかに挨拶をするので感心してしまいました。しかし数ヶ月後、偶然、駅ですれ違った彼女は別人のようでした。露出度の高い服を着て、耳にはピアスをつけてお化粧もしています。彼女はそれぞれの場合に応じて、複数の「キャラ」を使い分けることができる人だったのです。

最近は小学生もキャラリングをするようになっているようです。ふだんはヤンチャで、親の言うことを聞かない子が、お小遣いが欲しいときは良い子になり、家の掃除までやるようです。

世渡り上手になることは結構なことですが、そう毎日キャラを使い分けていては、そのうちどれが本当の自分なのか分からなくなってしまいそうです。

授かりっ子二人を結ぶ

【子供が出来てしまったので結婚することを言う】

結婚式を挙げる前に子供ができてしまって結婚することを「できちゃった婚」と言いますが、「できちゃった」という言い方がストレート過ぎるため、最近は「授かり婚」と言うそうです。二人の両親にとっても「できちゃった」ということばは、若い男女の軽率な行動の結果を表しているようではずかしいので、違うことばに言い換えたのが始まりと言われています。

結婚はまだ先のことと思っていても二人に子供ができてしまっては、早く結婚させるしかありません。しかし、結婚披露宴にお腹の大きい花嫁さんが登場すれば、来賓には事情がわかってしまいます。そんな時、「うちの娘に子供ができちゃったので…」と挨拶するよりは、「皆様お分かりのように、授かり婚でございまして」と言ったほうが、上品なようです。

たしかに「子供は神様からの授かりもの」ですから。

就活三種の神器

【パソコン、携帯電話、新聞のことを言う】

「就活」とは就職活動を縮めた若者ことばです。つまり「就職活動に必要な三種の神器」という意味です。

本来「三種の神器」とは、天皇の即位に際し、代々伝えられている神器のことを言います。天照大神から授けられたという、「八咫鏡」（やたのかがみ）「八尺瓊勾玉」（やさかにのまがたま）「天叢雲剣」（あめのむらくものつるぎ）の三種、つまり、鏡、玉、剣の三つをさしています。

戦後の三種の神器は、庶民の生活に便利な品物をさして言うことばに置き換えられ、最初は「白黒テレビ、洗濯機、冷蔵庫」、次に「カラーテレビ、クーラー、カー（自動車）」という3C時代へと移っていきます。

つまり、ここで言う就活三種の神器とは、就職活動に必要な三種の品物のことで、「パソコン」「携帯電話」「新聞」の三つです。パソコンと携帯は情報収集と就職窓口への登録に必要で、新聞は面接対策。時事問題と業界の勉強、研究に使われると言います。この三種の神器もまた時代とともに変わっていくのかもしれません。

小六サイズはＯＬサイズ

【小学生が着る服をＯＬが着用することを言う】


小六サイズとは、身長百五十～百六十センチの小学校高学年に向けたサイズのこと。このサイズなら大人も着ることができ、それまで子供服売り場に縁のなかった女性たちが、口コミで足を運び始めていると言います。

最近の子供服は、大人の流行をふんだんに取り入れており、可愛いプリント柄やレースをあしらったものなど、ディテールに凝ったものが多く、大人服にはないデザインに魅力が集まったのでしょう。

それに加えて、子供服ならではの素材の軽さも人気の一つとか。また価格が大人服の約半額というのも人気の理由のようです。

それにしても、子供服を大人が着る時代になるとは誰が想像できたでしょう。

子供の洋服が大人服に近づいてきたのか、大人服が子供服に近づいてきたのか…。

これからは子供服と大人服の境界線がどんどんなくなっていくのかもしれません。

【恋愛に熱中しない淡々とした恋人同士を言う】

恋人との関係に熱くなれないカップルの恋愛を「平熱恋愛」と言うそうです。相手を愛することも、相手から愛されることも、まったく無関心のような恋人同士をさして言うのですが、これで本当に恋愛中なのかと周囲は疑ってしまいます。

積極的に連絡もせず、お互いに電話がくれば会うといった具合です。そのような状態ですから、お互いに干渉もしませんし、他の異性と遊びに行っても嫉妬心をあらわにしたりしません。

このようなカップルは、自分が傷つくのを恐れているのかもしれません。会おうと言って、もし相手に断られたらどうしようと悩み、その結果、最初から無関心を装うことにしているのでしょう。しかしこういう恋愛は、あまり健康的ではありません。

傷つくことを恐れずに、正直に自分の気持ちを相手にぶつけることです。平熱恋愛より、情熱恋愛のほうが楽しいはずです。

情熱の恋より平熱の恋

微妙にうごめくビミョー

【肯定するのか否定するのか、心の中でうごめいている様子】

「微妙」は、細かく入り組んでいて、たやすく言い表せないデリケートなことを意味しています。カタカナで言う「ビミョー」は、若者ことば特有の「ぼかしことば」になります。こちらもはっきり言えないことを表しているのですが、本来の意味とは違い、あいまいに否定する意味で使われています。

「明日遊びに行ける?」「ビミョー」。これは、「自分の気持ちが遊びたいのかどうなのか分からないので、遊べるとも遊べないとも今は言えないけど多分遊べない」という意味です。食事がおいしいかどうかの質問にも「ビミョー」と答える若者がいます。作った人に悪いので、はっきりと返事を出せないのです。しかしこの場合も、おいしくないという結論が出ています。肯定として答えるべきか否定して答えるべきかを悩んで、「ビミョー」という場合は、どちらかというと否定なのです。

彼に「明日会わない?」と聞いて「ビミョー」と答えられたら「会いたくない」という返事になります。でもそうなったら、「今後のおつき合いはどうしようかしら?」と微妙になってしまいます。

めんどい、むずいは、やんなし

【面倒なことや難しいことは、やる気がない】

「めんどい」は「面倒くさい」を略したもの。「むずい」も、「むずかしい」を略したものです。「やんなし」は、「やる気のない子から」転じて「やるきなし子」になり、「やんなし」になりました。最近の子供の特徴をとらえたことばと言えます。

とくに近年の中高生の中には、複雑な思考や行動から回避しようとする人が増えていて、勉強も難しくなると問題を解くより先にやる気がなくなるようです。

「部屋をかたづけなさい」「えー、めんどいな」、「テストどうだった?」「むずいよ」、「勉強しなさい」「やんなし」という具合に使われています。ほかにも「キモい」(気持ち悪い)、「ハズい」(はずかしい)など、多くの言葉が短く略されています。

ことばを簡略化して使うことは今に始まったことではなく、一九五〇年代には、ソバる(そばを食べる)、スシる(すしを食べる)、雨る(雨が降る)などのことばが当時の学生たちの間で使われていたことが記されています。今も昔も若者たちは変わらないようです。

喪男に毒男

【女性にモテない男性を表現することば】

「喪男（もおとこ）」「毒男（どくおとこ）」とは、インターネットの掲示板用語で、「モテない男」（喪男）「独身なのにモテない男性」（毒男）をさして言うそうです。

この二つのことばは、女性とおつき合いをしたいのに、「キモメン」（気持ちの悪い顔）と言われて、女性と交際する機会のないかわいそうな男性をさして言うことばです。

「モテなくてもいいから、ひどいことを言わないで、せめてまともな扱いをしてくれ！」という、男性の悲鳴が聞こえてきそうです。

もちろんこれは、インターネット上の書き込みのことですから、男性たちに面と向かって直接言うことばではありませんが…。

しかし感心するのは、これらの「造語」です。当てはまるようで当てはまらない微妙な表現力に、思わず笑ってしまいます。

ヤバイはすごい

【予想に反したことに驚き感動すること】

「やばい」ということばは、本来非常にまずい状態に陥っていることをさし、良くないことを意味するのですが、若者の間で言われている「ヤバイ」は、とても感動したことや感激したことをさしています。「このラーメン、ヤバイよ！」は、思っていたより、ラーメンが格別においしいことを表現しています。また野球などのファインプレーを見て、「あの選手、ヤバくない？」と言うのは、素晴らしいプレーに感動して、「あの選手、すごいと思わない？」と言っています。

本来の意味の「やばい」ということばが誕生したのは古く、犯罪者や不良仲間の間で使われ始めたのが最初のようです。語源ははっきりしていませんが、警察に捕まりそうになり、「危ない」の意から、「あやぶい」となり、やがて「あ」が省略されて「ぶ」が「ば」に母音転化したものと考えられています。

しかし、立場が危険な状態になり、まずいことになったという意味から、「感動した」という意味に変わってくることなど、誰が想像したでしょう。十年後にはもっと違う解釈に変わっているかもしれません。

ラブ握りは愛の証

【カップルの愛情表現の一つで、「指組み手つなぎ」とも言う】

かつては腕を組んでいた恋人たちですが、ここ二、三年は腕を組まずに、「指を組む」現象が増えてきたことを言っています。

互い違いに指を組み、しっかりと手を握りあっている状態を「ラブ握り」と言います。やってみると分かりますが、指と指の間に相手の指が入ってきますから、簡単に手を離すことが出来ません。ほどくときには相手の了解を得なければならないので、どれくらい長く握っているかが、愛情の深さのバロメーターになります。握っているのが疲れたからという理由は愛し合う二人に通用しません。

ただ軽く手を結んでいるのと違い、指組みは相手の脈まで感じられるほどの密接感があります。それだけに、恋する二人が好んでするものなのでしょう。

時折、中高年のカップルも「ラブ握り」をしているのを見かけることがあります。こちらはさすがに若い人ほど深く指組みはしていないようですが、ともに長い人生を歩んできたご夫婦の「ラブ握り」も、微笑ましくて素敵です。

［参考文献］

「江戸ことば・東京ことば辞典」松村　明（講談社学術文庫）
「江戸語の辞典」前田　勇（講談社学術文庫）
「故事ことわざ辞典」学研編集部編（学習研究社）
「故事ことわざ辞典」鈴木栄三（東京堂出版）
「ことわざ辞典」臼田甚五郎（日東書院）
「食物ことわざ事典」平野雅章（文藝春秋）
「新潮国語辞典」久松潜一（新潮社）
「橋本テツヤのテレビ式読んで声出す脳の若がえりＢＯＯＫ」橋本テツヤ（太陽出版）
「若者ことば辞典」米川明彦（東京堂出版）
「若者語を科学する」米川明彦（明治書院）
「若者言葉事典」亀井　肇（生活人新書）
「若者言葉入門」亀井　肇（月刊エルネオス）

ことわざびじん

二〇〇六年十月七日　初版第1刷発行
著者　橋本テツヤ
発行者　籠宮良治
発行所　太陽出版
〒一一三-〇〇五一　東京都文京区本郷四-一-十四
電話　〇三-三八一四-〇四七一
FAX　〇三-三八一四-二三六六
H・P　http://www.taiyoshuppan.net/
印刷　壮光舎印刷株式会社
株式会社ユニ・ポスト
製本　有限会社井上製本所
 ISBN4-88469-480-5